読みなおす日本史

蝦夷の古代史

工藤雅樹

吉川弘文館

目　次

はじめに……九

第一部　古代蝦夷の諸段階

第一章　古代蝦夷の諸段階……一八
一　「エミシ」から「エゾ」へ……一八
二　第一段階——「エミシ」が東国人をひろく意味した時代……二〇
三　第二段階——朝廷の直接支配の外の人たちが「エミシ」と呼ばれた時代……二一
四　第三段階——大化の改新から平安初期まで……二三
五　第四段階——平安初期から平泉藤原氏の時代まで……二四
六　第五段階——鎌倉時代以後……二六

第二章　東国人としての「エミシ」——第一段階……二七
一　「エミシ」という語の最古の用例……二七

二　記紀歌謡と初期万葉の歌……二八
三　強く、恐ろしく、かつ畏敬すべき「エミシ」……三〇
四　ヤマトタケルの物語……三〇
五　四道将軍の話、豊城命とその子孫の話……三五
六　倭王武の上表文と「毛人」……三八
七　古墳から見る……四三
八　北の世界の文化・続縄文文化……五九
第三章　大和の支配の外にある者としての「エミシ」――第二段階……六五
一　国　造　制……六五
二　東北の国造……六七
三　「エミシ」と朝廷……七〇
第四章　大化の改新後の世界――第三段階……七四
一　大化の改新とコホリの設定――『常陸国風土記』を読む……七四
二　城柵の設置……七七
三　城柵の発掘……八一

四　阿倍比羅夫の遠征……八九
五　蝦夷、遣唐使とともに中国に渡る……九六
六　「エミシ」を「蝦夷」と記すようになること……一〇一
七　大野東人の時代……一〇三
八　大崎平野とその周辺を小規模な郡に分割……一〇六
九　蝦夷の強制移住……一〇八
一〇　出羽柵の北進と天平九年の作戦……一一〇
一一　藤原朝獦の時代……一一五
一二　伊治城の造営……一二〇
一三　伊治公呰麻呂の乱……一二四
一四　坂上田村麻呂の登場……一二九
一五　蝦夷社会の変化……一三三
第五章　平安時代の蝦夷——第四段階……一三六
一　文室綿麻呂……一三六
二　胆沢鎮守府……一三八

三　全国に送られた蝦夷たち……一四一
四　元慶の乱……一四五
五　蝦夷との交易……一四九
六　蝦夷社会の武力抗争……一五一
七　防御性集落の出現……一五三
八　前九年の合戦……一六〇
九　後三年の合戦……一六六
一〇　平泉藤原氏……一七二

第二部　蝦夷はアイヌか日本人か

一　蝦夷アイヌ説と蝦夷日本人説……一七六
二　アイヌ語地名とマタギ言葉……一八一
三　蝦夷日本人説……一九三
四　北海道の古代文化の変遷とアイヌ文化の成立……一九七
五　縄文人の子孫がたどった複数の道……二〇三
六　展望・蝦夷社会は部族制社会……二〇七

あとがき……………………………………………………二二三
参考文献……………………………………………………二二四
古代蝦夷関係年表…………………………………………二二六
『蝦夷の古代史』を読む……………………八木光則……二二九

はじめに

古代の蝦夷について日本史の教科書などには、征夷大将軍の坂上田村麻呂《さかのうえのたむらまろ》による蝦夷征討や、それに関連して桓武天皇の時代の二大事業が蝦夷征討と造都、すなわち長岡京と平安京の都づくりであったこと、蝦夷に対する施設として多賀《たが》城や胆沢《いさわ》城などの城柵が築かれたこと、蝦夷征討と支配のために置かれた鎮守府《ちんじゅふ》という役所のことなどが記されている。

また東北地方を舞台に戦われた前九年と後三年の合戦や、この二つの合戦の後に出現した奥州平泉の栄華なども蝦夷と関連して述べられている。しかしこれらの断片的な記述だけでは蝦夷の歴史も、古代蝦夷と日本歴史一般との関係もよくは理解できないであろう。そしておそらくは、蝦夷に関心のある多くの読者がもっとも知りたいであろう、古代の蝦夷とアイヌとの関係についても何もわからないであろう。

そこで本書では、日本史一般との関わりをからませながら、蝦夷の歴史や文化、そして古代の蝦夷とアイヌとの関係などについて、私なりの考えを述べるつもりである。ただしこのようなことを考えるためにも、古代蝦夷やアイヌの世界である東北地方や北海道の古代文化の実像をふまえてかからなければならない。そこで本書では、最近の考古学の研究によって知られたことがらなども積極的に取り入れながら、話を進めることにする。

また一口に蝦夷といっても、時代により蝦夷という語の持つニュアンスもちがえば、どの地域の人びとが主に蝦夷といわれたのかも異なる。これまでの蝦夷論ではそのあたりのことが曖昧であったために、議論がすれ違いになってしまうこともあったように思われる。そこで本書では蝦夷を五段階にわけて、それぞれの段階について説明することにした。

古代蝦夷とアイヌの関係については、長い研究の歩みがある。もちろんこの問題にふれるためには、古くから議論されてきた蝦夷アイヌ説と蝦夷日本人説の両方の説の論点を整理しなおす必要があるが、本書ではそのような試みをしながら、蝦夷アイヌ説と蝦夷日本人説の対立は、どちらかの説に味方して他方の説を論破する方向では解決がつかないという考えを示し、両説の対立を乗りこえる考えを提示してみるつもりである。

自分史を語りながら

なお著者が古代蝦夷について本書で示したような考えにたどりつくまでには、さまざまな出会いがあり、彷徨も試行錯誤もあった。ふつう、専門的な書物ではこのようなことは伏せておき、論理の積み上げげのみにより、試行錯誤もなく、一直線に結論に到達したように構成するものであるが、実際の研究というものは決してそのようなものではない。そこで本書では、本文中でも時折自分史を語らせていただくことにした。そのような構成にしたほうが、第三者に自分の考えを正しく理解していただけると考えたからである。

ただし本文中ではそのすべてを語ることはできないので、自己紹介をかねて簡単に私と蝦夷論との出会いとその変容過程を述べておく。著者は学窓時代を、本書のなかでも何度も登場する伊東信雄先生のもとですごした。伊東氏は世間からは蝦夷日本人説論者とみなされていたし、ご本人もそのことを否定されなかったから、伊東氏周辺の方々はおおむね蝦夷日本人説を奉じていた。そして著者も、東北北部でも弥生時代に相当する時代に水田稲作がおこなわれていたことを実証した青森県田舎館《いなかだて》村垂柳《たれやなぎ》遺跡など、伊東氏が持論を積み上げてゆく過程で重要な役割を果たした遺跡の発掘調査に参加させてもらっていたから、むしろ積極的に蝦夷日本人説を肯定していたといえるだろう。

蝦夷日本人説をとれば、北海道の古代文化の変遷やアイヌ文化は、古代蝦夷を考える上では直接の関係はないということになる。そんなことから当時は、北海道についてのまとまった知識はほとんどなかったのである。

著者は学窓時代から多賀城跡の発掘調査に関わり、後には宮城県多賀城跡調査研究所が設立された時にも、そのメンバーの一人に加えていただき、あわせて一〇年以上多賀城跡の調査に関わりつづけた。多賀城は政府側が蝦夷と接する窓口であるから、蝦夷をどのようなものとみるかは多賀城の理解のためにも欠くことができない。ただし、当事の筆者はなお蝦夷日本人説の枠から脱しきれてはいなかった。

北海道と岩手をつなげるもの

その後著者は昭和五四年から宮城学院女子大学・女子短期大学に勤務することになり、学生を引率しての研修旅行の目的地として、以前から気にはなっていたものの自分から積極的に訪れることがなかった北海道を選択してみた。このようにして二、三度北海道を訪れ、現地解散で学生たちと別れた後も、北海道各地の遺跡や遺物を見学し、またアイヌ文化に接することにつとめた。

ところが岩手県で生まれ育ち、近代化以前の岩手県の農村や山村の姿が脳裏のうちに焼きついていた著者にとって、アイヌ文化は違和感のないものであった。アイヌのチセ（家）の内外の姿、アイヌの物質文化と精神文化、アイヌ語地名などいずれをとっても著者にとっては異質なものではなく、岩手の原風景と重なり合う、親しみの持てるものであった。たとえばイロリを中心とする生活もアイヌ語地名も、ごく見慣れた風景だったのである。

その上に、実は郷里岩手県の先輩で、かつ母校である盛岡一高（前身は盛岡中学）の先輩でもある金田一京助《きんだいちきょうすけ》氏の影響もあった。金田一氏が若いときに樺太を訪れて樺太アイヌ語の習得に苦労された話は、随筆集『北の人』の冒頭に「片言を言ふまで」の題で収められているが、これは当時の中学校の国語の教科書にもとられていた。

私たちの学年の者は、氏が岩手出身であるということもあって、この文にとくに親しみを感じ、文に出てくる「ヘマタ」(何)、「スマ」(石) などという樺太アイヌ語の単語を遊びのなかでも使ったことを記憶している。また金田一氏の末弟の荒木田家寿《いえひさ》氏が岩手の子ども向けの新聞にアイヌの神話を紹介したことがあり、その主人公のオキクルミの名なども子どものころにすでに知っていた。このようなこともアイヌ文化に親しみを覚えた要因になったと思っている。

蝦夷アイヌ説を再検討し、その論拠のなかにもアイヌ語地名の問題をはじめとして、尊重しなければならない部分が多いことを知ったのは、北海道に接した賜であった。アイヌ文化を学ぶ手はじめは、金田一京助、知里真志保《ちりましほ》、高倉新一郎などの諸氏のアイヌ研究の文献、さらには山田秀三《ひでぞう》氏のアイヌ語地名に関する文献を読みあさることであった。

とくにアイヌ語地名の問題はそれまでの東北古代史の研究者が本格的に取り組んだことのない部分であったためと、自分が岩手県生まれでアイヌ語地名には本来的に違和感を持たなかったことなどから、かなりに力を入れて文献を読んだり、実地にあたって納得したりした。また金田一氏のアイヌの叙事詩ユーカラの研究などを手がかりに考えると、古代蝦夷の社会は部族制社会と考えることができるのではないかとも考えるようになった。

その結果、これまで考えてもみようとしなかった古代蝦夷とアイヌの関係や古代蝦夷社会の構造についての、自分なりの方向性が見えたような気がした。自分のこれまでの見方に落ちていたものは、一言でいえば、北海道から東北を見るという視野がまったく欠落した東北研究であったことに気がついたのである。

著者はその後、福島大学に勤務して現在にいたっている。そして福島県の遺跡に親しむにつれて、それまで宮城県の目から見ていた東北古代史とはちがう、別の東北古代史があることにおぼろげながら気がついたのである。本書ではこの点についても、わずかではあるがふれてみるつもりである。

中国での見聞から

本書で提示した著者の蝦夷論に影響を与えたもう一つの点は、中国におけるさまざまな見聞である。著者は昭和五五年以来たびたび中国を訪れ、中国各地の遺跡や博物館を見学する機会があった。とくに昭和五八年秋に、当時はまだほとんど開放されていなかった甘粛省から新疆ウイグル自治区を訪れる機会があり、砂漠やオアシスの世界において、この地域の生活環境に合致した文化が展開していることを眼のあたりにした。それによって、西日本と東日本・北日本という生活環境が異なる地域の文化をしいて一つにくくる考え方や、生活環境が異なる地域同士の文化を優劣関係で評価することに強い疑問をいだいた。

またこの地域はよく民族の十字路といわれる地域であって、さまざまな民族の興亡の舞台に接し、民族の成立を歴史的に考える重要性をも痛感した。また中国においては現在は漢民族の世界になっている地域でも、歴史的には少数民族が活躍した地域が少なくない。このようなことを知るにつけても、歴史と民族との関係に思いをいたすようになったのである。本書では、あまり目立たない形ではあるが、そのような試みの一端も示すつもりである。

なお著者は、中国との比較で日本古代史や古代文化を考えるならば、日本古代史や古代文化に関しても、新しい視野が開けるのではないかとも考えているが、この点については本書の枠外のことも多く、本書ではほとんどふれることができなかった。

以上、本書で著者が述べようとしたこと、試みようとしたことの背景の一端を述べてみた。これが新しい蝦夷論にどの程度に組み込まれているか、またそれが成功しているかどうかは読者の皆様のご判断におまかせするほかはないが、本書がもし読者の皆様の古代蝦夷やアイヌについての見方に少しでも資するところがあれば、これに過ぎる幸せはないと思っている。

著者が本書で示した考えはこのような経過をたどって生まれたものである。

第一部　古代蝦夷の諸段階

第一章　古代蝦夷の諸段階

一　「エミシ」から「エゾ」へ

本書のテーマは古代の「蝦夷」である。「蝦夷」はふつうは「エゾ」と読むが、平安時代の末近くまでは「蝦夷」と書いて「エミシ」と読んだ。「蝦夷」と記して「エゾ」と読むようになるのは平安時代の末近くになってからなのである。そして「エミシ」という語のより古い漢字表記は「毛人」であった。「毛人」から「蝦夷」への用字の変化があったのはほぼ七世紀のなかばころであるが、それ以後もしばらくの間は「毛人」という記載法も行なわれていた。ただし「毛人」と書くにしても「蝦夷」と書くにしても、どちらもいわば当て字であり、もともとは「エミシ」という日本語の古語があったと考えられる。

以上のような変遷をまとめると、はじめに「エミシ」という古語があり、それに対してはじめのうちは「毛人」という漢字をあてたのであるが、次の段階になると「蝦夷」と記すようになり、最終的には「蝦夷」の読みが「エミシ」から「エゾ」にかわったということになる。

なお「エミシ」という語は平安時代末以後も、「エビス」と変形した姿で後世まで生き残った。「エビス」はやや軽蔑のニュアンスをこめた東国の人たちに対する呼称であったが、ほかに七福神の一つに数えられる神様の名前としても生きている。

このような用字や読みの変化の背後には、さまざまな歴史がひそんでいる。「エミシ」という語の意味は時代によって変化があり、「エミシ」「エゾ」といわれた人びとが主にどの地域の住民であったのかも異なる。そしてそれは東日本・北日本の歴史そのものの一断面ということもできる。これから「エミシ」「エゾ」の歴史を通して、これまでの日本史とは一味も二味もちがう新しい日本史を見出したいと思う。

「毛人」から「蝦夷」への用字が変わること、「エミシ」から「エゾ」へという読みの変遷、東北地方から北海道にかけての考古学研究の成果、『日本書紀』『続日本紀』など文献史料の記載、アイヌ文化研究の成果、東北地方にも存在するアイヌ語地名の分析などを総合して考えると、一口に古代の「エミシ」といっても、そのあり方は時期によって一様ではない。本書ではそれを五段階に時期区分して考えてみる。

二　第一段階——「エミシ」が東国人をひろく意味した時代

第一段階はほぼ五世紀以前である。この段階では大和朝廷の勢力は一応は関東地方からさらには東北地方の南部まで及んでいたが、なおそれは安定したものではなく、時によっては大和の王族や重臣が遠征に出て、地方の勢力と戦うこともあり、「エミシ」という語は時には大和の勢力と戦うこともあった東国人をひろく意味した。

この段階の「エミシ」という語には、強い人たち、恐るべき人びと、それ故にいささか敬意をはらうべき人たちというニュアンスがあった。「エミシ」に「毛人」という漢字が当てられることになるのは、この段階においてである。「毛人」の表記がはじめて見えるのは倭王武の上表文（国書）であることからすると、五世紀のころに東アジアの複雑な国際関係を背景に、「毛人」という漢字表記が行なわれるようになったと考えられる。

本書のテーマは北日本の「エミシ」であるから、この段階は本書で扱う「エミシ」からすれば前史にあたる。しかしこの段階の状況が出発点となって「エミシ」の歴史がはじまるのであるから、前史とはいえその説明を省略することはできない。話はおのずから五世紀末あたりまでの東国の歴史、とりわけ大和と東国との関係に中心を置くことになる。

三　第二段階――朝廷の直接支配の外の人たちが「エミシ」と呼ばれた時代

第二段階はほぼ六世紀から七世紀の前半である。この段階では日本海側では信濃川・阿賀野川の河口以南、太平洋側では阿武隈川の河口以南の地域に国造《くにのみやつこ》制という地方制度が行なわれ、この範囲では大和に敵対する勢力は基本的には存在しなくなった。そこでこの段階でなお時には朝廷の軍とも戦った「エミシ（毛人）」は、国造制が行なわれた地域のさらに外側の住民ということになった。

この段階の「エミシ」の主流は、仙台平野など東北地方中部の人たちである。仙台平野に代表される東北地方の中部の地域では、弥生時代以来水田稲作が行なわれていた。ここでは弥生時代特有の石《いし》庖丁《ぼうちょう》（イネの穂を摘み取るための道具）や蛤《はまぐり》刃《ば》石斧《せきふ》などの大陸系の石器や、鋤、鍬をはじめとする木製の農具も普遍的に発掘され、東日本型の弥生文化の展開が見られる。また古墳時代には全長一七〇メートルの大型の前方後円墳である名取市雷神山《らいじんやま》古墳をはじめとする多くの古墳も作られており、文化伝統の上では阿武隈川河口以南の地域と差が見られない。

したがってこの段階での「エミシ」という語は、なお、強い人たち、恐るべき人びと、けれどもいささか敬意をはらうべき人たちというニュアンスが含まれてはいたものの、それに加えて朝廷の直接支配の外の人たちという語義が強く意識されるようになっている。この段階の「エミシ」という語の意味するところは「強い」人たちという点もさることながら、朝廷の直接支配の外、すなわち国造のクニが置かれなかった地域の人たちというニュアンスのほうが強く意識されるようになったのである。だが、この段階の「エミシ」という語にはまだ異文化の担い手という意味はほとんどなかったと思われる。

ただしこの段階の「エミシ」が朝廷の直接支配の外の人たちであるといっても、朝廷と「エミシ」との間に接触・交流がなかったわけではない。そのことは、やや希薄ながら「エミシ」の地域にも古墳が存在し、都からもたらされたと思われる、たとえば頭椎大刀《かぶつちのたち》のような出土品があることからも知られる。

四　第三段階――大化の改新から平安初期まで

第三段階は大化の改新から平安時代の初期までである。大化の改新からあまり時が隔たらない時期に、国造制にかわる新しい地方制度として国郡制が施行された。蝦夷の地域を管轄する国としては陸奥国と出羽国が置かれ（陸奥国の南半部は前の段階では国造制が行なわれていた地域にあたっている）、平安時代初期までに国造制が行なわれていなかった地域のうち、盛岡市と秋田市を結ぶ線以南の地域に城柵が造営され、郡が建てられて陸奥国と出羽国の領域に組み込まれた。

しかしこれ以北の地域については平安時代の末近くまで、郡が建てられて政府の直轄支配地に組み入れられることはなかった。城柵を設置すると、その地域には東北地方南部や関東・中部地方から多くの移民が導入されたし、「エミシ」を他地域に強制移住させることも行なわれている。

この段階で政府の直轄支配地に組み入れられた盛岡市と秋田市を結ぶ線以南の地域は、弥生時代・古墳時代にさかのぼって、国造制が行なわれていた地域と文化伝統を共有する地域（仙台平野・大崎平野・米沢盆地など）と、それ以北の文化伝統からいえば、むしろ北方世界につらなる地域にわけることができる。南の仙台平野などの地域は七世紀末・八世紀初頭までに政府の直轄支配地に組み入れられたが、宮城県北部から北と秋田県に属する部分は奈良時代の後半以後に直轄支配地に組み入れられている。このように文化伝統の点でも直轄支配地に組み入れられた年代の点でもより南の部分と北の部分ではちがいがあり、第三段階は前半の小期と後半の小期にわけて考えるとわかりやすい。

この段階の特徴はしばしば政府軍の大軍が組織され、蝦夷の軍との戦いが行なわれたことである。戦いは前半の小期にもあったが、とりわけ大規模な戦いは後半の小期に見られる。代表的なものとしては宝亀一一（七八〇）年に起きた伊治公呰麻呂《これはり(いじ)のきみあざまろ》の乱と、延暦年間（七八二〜八〇六）に坂上田村麻呂が登場して、阿弖流為《あてるい》らに率いられた岩手県胆沢《いさわ》地方の蝦夷の軍とが激しく戦った例をあげることができるであろう。

この段階の前半の小期においてすでに、政府の関心は北海道にいたる北方世界にも向けられ、斉明《さいめい》朝には阿倍比羅夫《あべのひらぶ》に率いられた百数十艘もの水軍による遠征も行なわれた。そしてこのような状況を反映して「エミシ」の語義にも、政府の直接支配の外の人たちという点に加えて、文化伝統の異なる人びとという点が意識されるようになってくる。

またやはり斉明朝ころに「エミシ」の漢字表記が「毛人」から「蝦夷」に変わるが、この変化の要因には、天皇の徳を慕って来貢する異族の存在をアピールする意図がこめられていたから、この面からも「エミシ」の異族としての要素が強調されることになった。

五　第四段階——平安初期から平泉藤原氏の時代まで

第四段階は平安初期から平安末期の平泉藤原氏の時代までである。この段階では陸奥国・出羽国の領域の拡大はなく、盛岡市と秋田市を結ぶ線以北が蝦夷の地域である状態が長期にわたって継続した。前段階の最終場面で政府側が大軍を投入して領域の拡大をくわだてる政策を放棄したからである。ただしこの段階においては、政府側の政治的・経済的・文化的な影響はより強力に北海道を含む北方に及ぶようになっている。

秋田県北部の蝦夷の反乱である元慶《がんぎょう》の乱、蝦夷系の大豪族安倍氏が滅亡した前九年の合戦、清原氏の内部分裂に端を発した後三年の合戦、前九年・後三年の合戦の結果をふまえて成立した平泉藤原氏の政権の出現、また近年の考古学的な研究によって知られるようになった、東北北部から北海道の一部に及ぶ防御性を高くした集落の盛行などは、すべてこの段階におけるできごとである。

そしてこの段階の蝦夷は、盛岡市と秋田市を結ぶ線以北の本州および北海道の住民のことであり、政府の直接支配の外の住民という語義は失われてはいないものの、異文化の担い手である北方の人びとという側面が強く出てくることになる。そしてこの段階の最後に近いころに「蝦夷」の読みが「エミシ」から「エゾ」に変化する。

「エゾ」という読みの古い例としては久寿二（一一五五）年に没した藤原顕輔《あきすけ》の「あさましや千嶋のえぞのつくるなるとくきの矢こそひまはもるなれ」（『夫木和歌抄』）、藤原親隆《ちかたか》が久安六（一一五〇）年に詠んだ「えぞがすむ津軽の野辺の萩盛りこや錦木《にしきぎ》のたてるなるらん」などの和歌が知られている。これらは一二世紀のものであるが、治暦三（一〇六七）年に陸奥守に任じた源頼俊《よりとし》が衣曾別嶋の荒夷を討ったという史料があり、この「衣曾別嶋」の「衣曾」を「エゾ」と読むのであれば、一一世紀には「エゾ」という読みが生まれていたことになる。

そしてやがて「エゾ」は北海道の住民をさす語として定着するが、ここにあげた初期の「エゾ」という読みの史料のなかには、親隆の和歌で津軽という語を導きだすために「エゾ」が用いられているものもあることは注意せねばならない。「エミシ」が「エゾ」と変わった当初の段階の「エゾ」は、東北北部の住民を含む語義だったのである。

六　第五段階――鎌倉時代以後

蝦夷の第五段階は平泉藤原氏の時代の後半過ぎから鎌倉時代以後である。平泉藤原氏の時代の後半過ぎの大きなできごととして、本州の北端近くまでの地域に郡が置かれ、政府が直接支配する領域の拡大が行なわれたことがあげられる。このような体制を作り上げる役目を担ったのが平泉藤原氏であるとされており、鎌倉幕府が成立するとこの体制はさらに強固なものとされ、本州の北端部は北条氏の把握するところとなったのである。そしてこの段階になると、幕府の手を通してではあるが政府の直接支配の外の地域は北海道だけになった。こうなるとなお政府の直接支配の外の住民、すなわち蝦夷として残ったのは北海道の住民ということになる。そして津軽海峡より北の蝦夷は、やがてアイヌ民族を形成することになるのである。

ただしこの段階以後のことはもはや本書の課題である「古代の蝦夷」の範囲外のことになるので、くわしいことは省略することになる。

第二章　東国人としての「エミシ」——第一段階

一　「エミシ」という語の最古の用例

「エミシ」という語の最古の用例は『日本書紀』の神武紀・即位前紀にみえる「エミシを一人百《もも》な人、人は云へども抵抗《たむかい》もせず」という歌謡である。これは初代の天皇の神武天皇が大和の橿原で即位するに先立ち、磯城《しき》（奈良県桜井市付近）に勢いをふるっていた八十梟帥《やそたける》を撃った時、天皇の軍が歌ったとされる歌のなかの一つである。意味は「エミシ」とは一人でも一〇〇人を相手にするほど強い人たちだというが、実際に戦ってみるとそれほどではなかったというもので、自分たちの軍の強さとその勝利を讃える内容である。

神武紀には「エミシを……」のほかにも「みつみつし、来目《くめ》の子等が、垣本《かきもと》に、植えし山椒《はじかみ》、口疼《びひ》く、我は忘れず、撃ちてし止《や》まむ」のような歌謡もおさめられている。これは神武天皇が大和で即位する際の最強の敵であったトミ（奈良県桜井市付近）の長髄彦《ながすねひこ》との戦いの物語に挿入されている歌謡で、その大意は、天皇の側近の軍勢である来目部《くめべ》が、以前に敵と戦った時には山椒のひりひりするような手痛い敗戦を喫したが、我はそれを忘れてはいない、今度は必ず相手を撃ち破るぞ、というものである。これも「エミシを……」と同じようにやはり出陣の折に士気を高めたり、勝利を祝う内容のものである。

二　記紀歌謡と初期万葉の歌

『古事記』『日本書紀』の物語のなかには、多くの歌謡が挿入されており、それらは「記紀歌謡」(「記紀」とは『古事記』『日本書紀』の両者をあわせて呼ぶ略称)と総称される。一般に記紀歌謡の多くは、歌謡が置かれているそれぞれの物語とは別の由来を持つもので、『古事記』『日本書紀』が最終的に現在私たちが見ることができる形にととのえられたころに、歌謡とは別の由来の物語と組み合わせられたものである。

ただし「記紀歌謡」そのものの成立年代は、決して『古事記』『日本書紀』の最終的に成立した奈良時代初期というようなものではなく、「初期万葉」すなわち『万葉集』に収められた歌のなかの最古の一群の歌よりも古い様式のものが多い。

「初期万葉」に作品を残した最古の人物は七世紀はじめの舒明《じょめい》天皇、代表的な歌人は額田王《ぬかたのおおきみ》といわれている。額田王の歌のうち、たとえば「熟田津《にきたつ》に船乗りせんと月待てば、潮もかなひぬ今は漕ぎいでな」は、別伝では斉明天皇の作品ともいわれる。

これは斉明・天智朝の百済出兵にあたって、斉明天皇をはじめとする朝廷の主立った人びとが瀬戸内海を航行して西に向かい、愛媛県の熟田津に船泊りした後に出発しようとする時の歌である。一行の「さあ、出発だ」という高揚した気分を、一同を代表する形で額田王が皆の前で謡い、またおそらくは一同もそれに和して謡うということがあり、それがすぐれた作品であったことから謡いつがれたもので、斉明天皇を頂点とする集団の気分を代表して額田王が詠んだものであることから、天皇自身の作品という異伝も生じたのであろう。

このような作品は、もともとは文字を通じて読まれることを意図して作られたものではなく、しかるべき場において口で唱えられ、人びとは耳で聞き、時には唱和し、また謡いつがれたものといわれる。詩人は人びとの心象を代表して謡い、人びとは詩人の口をついて出る謡《うた》を、詩人個人のものとしてではなく、集団のものとして受けとめて唱和し、謡いついだのである。ちなみに歌が文字で記され、文字の記録を通して作者以外の人物が歌を観賞するようになるのは柿本人麻呂以後のことだという。

「エミシを……」の歌は初期万葉の歌よりもさらに古い様式の、文字以前の歌の一つで、大和に伝えられたかなりに古い時期の歌謡であり、戦いに出陣する場合や、凱旋や戦勝を祝っての祝宴の時に唱和された歌の雰囲気を持っており、そのような内容故に、神武紀の磯城の八十梟帥との戦いの物語に挿入されたのであろう。いうまでもないことではあるが、「神武紀」に収められてはいるものの、もちろん神武天皇の時代に、神武天皇の軍によってこの歌謡が歌われたものではない。「エミシを……」の歌が作られた時期は厳密には確定できないが、「初期万葉」よりも古い時期の成立とすれば六世紀あるいはそれ以前にすでにこの歌の原型は成立していたと考えておこう。

三　強く、恐ろしく、かつ畏敬すべき「エミシ」

「エミシ」という語のもともとの厳密な意味はもはや知りえない。だが神武紀の歌謡の内容から推し量ると、「エミシ」という語には「強く、恐ろしく、かつ畏敬すべき人たち」というニュアンスがあったと考えられる。「エミシ」を毛人と記すようになった飛鳥時代や奈良時代の中央の有力者のなかにも、蘇我毛人《そがのえみし》（蘇我馬子《うまこ》の子、大化の改新で倒された蘇我入鹿《いるか》の父で、舒明・皇極朝の大臣《おおおみ》）、小野《おのの》毛人《えみし》（遣隋使であった小野妹子《いもこ》の子）、佐伯今毛人《さえきのいまえみし》（東大寺の造営に活躍）など、多くの「エミシ」という名前の人物が存在することからも、もともとは「エミシ」という語は蔑称ではなく、中央貴族の名前としてもふさわしい語義だったことが推測できる。

四　ヤマトタケルの物語

朝廷の軍の出陣

大和朝廷の支配は四世紀には関東地方から東北地方南部に及んでいる。その有力な根拠になるのが、大和に中心のある古墳文化が東北地方南部にまで及んでいることであるが、その具体的な例については後で説明する。しかし大和朝廷の勢力の東国への浸透は、白い紙に絵具を塗ってゆくように一気呵成に達成されたわけでもないし、またいったん朝廷の力が及ぶようになると、以後はそれに対する反抗が一切なくなったということも考えられない。だから皇族や重臣に率いられた大和朝廷の軍勢が出陣するようなことは、五世紀以後も珍しくはなかったのである。

朝廷の軍勢が出陣した雰囲気は、ヤマトタケル（『日本書紀』では日本武尊、『古事記』では倭建命と記す）の物語からも想像できる。ヤマトタケルの物語ではヤマトタケルは先には九州の熊襲《くまそ》を討ち、その後で東国遠征を行なったことになっている。そして東国遠征の物語も『日本書紀』と『古事記』で内容に差があり、『古事記』では遠征の対象は東方十二道（東国のこと）の「荒ぶる神」「まつろはぬ人ども」、すなわち東日本方面の朝廷にしたがわない人たちとなっているのに対して、『日本書紀』では東夷、とりわけ蝦夷を遠征の主なる対象とする物語になっている。

『古事記』ではヤマトタケルは東国遠征に出発する時に、天皇は先には自分を九州に派遣し、今度は東国に行けというのは自分を死ねということなのだろうかと嘆き悲しむのに対して、『日本書紀』では天皇の命令を受けて勇躍出発することになっているなど、『日本書紀』の物語のほうが天皇の権威を強調する内容になっており、『古事記』のほうが、物語としてより古いスタイルをとどめているといえる。そこでここでは、主として『古事記』によって物語の大筋を紹介しておこう。

景行天皇の皇子ヤマトタケル

ヤマトタケルは景行《けいこう》天皇の皇子である。天皇はヤマトタケルを遣わして、九州の熊襲を討たせ、次には東方十二道の「荒ぶる神」「まつろはぬ人ども」を言向《ことむ》け和平《やわ》せしめた。この時にヤマトタケルに従ったのが、吉備臣《きびのおみ》らの祖にあたる御鉏友耳建日子《みすきともみみたけひこ》（『日本書紀』では吉備武彦）であった。吉備臣とは吉備地方（岡山県と広島県東部）に本拠を有し、大和朝廷の初期の時代には大きな力があった豪族である。

ヤマトタケルははじめに伊勢神宮（三重県）に行き姨《おば》の倭比売命《やまとひめのみこと》から草那芸剣《くさなぎのつるぎ》などを与えられて東国に向かった。草那芸剣とは神話でスサノオノミコトがヤマタノオロチを退治したときに、オロチの尾から出てきたもので、スサノオがそれをアマテラスに献上し、それがいわゆる三種の神器の一つとして皇室に伝来したという由来が語られる、朝廷にとっては由緒のある剣である。

その後ヤマトタケルは尾張国造の祖、美夜受比売《みやずひめ》の家に到り、帰りにまた立ち寄って結婚することを約して東国に向かい、相武（相模）国に到った。その時に国造にあざむかれ野に誘い出され火をかけられたが、倭比売命から与えられた剣で草を薙ぎはらい、袋から取り出した火打ちで逆火をかけ、国造らを切り滅ぼした。それでこの地を焼遣《やきづ》（焼津）というのである。

次に走水《はしりみづ》の海を渡ろうとしたが、渡神《わたりのかみ》が浪を起こし船が進めなくなった。そこで、后の弟橘比売命《おとたちばなひめのみこと》が海に入ったので船は進むことができた。その後「荒ぶる蝦夷ら」を言向け「山河の荒神等」を和平《やわ》しての帰りに足柄《あしがら》の坂本に到り、坂に登り立って「あづま、はや（わが妻よ）」といった。そこでその国を「吾妻《あづま》」というのである。そこから甲斐に出て酒折《さかおり》の宮にいた時に「新治《にいばり》、筑波《つくば》を過ぎて幾夜か寝つる」と歌ったところ、御火焼《みひたき》の老人が、続けて「かがなべて、夜には九夜《ここのよ》日には十日を」と歌ったので、その老人を誉めて東《あづま》の国造を賜った。ちなみに後世、これが連歌の起源であるといわれるようになった。

朝廷と東国の豪族との関係

それからヤマトタケルは科野《しなの》（信濃）国へ越えて科野の坂の神を言向け、尾張国の美夜受比売のもとにもどり、草那芸剣を美夜受比売のもとに置いたままで伊服岐《いぶき》（伊吹）の山の神を取りに行き、白い猪に化した神に遭遇するが、これを神と認めることができなかったために神の怒りをかって体が不調になり、大和へ向かう途中の能煩野《のぼの》（三重県）で亡くなった。そしてこの時の歌とされているものが有名な「大和は、国のまほろば、たたなづく、青垣、山隠《ごも》れる、大和しうるはし」である。

一方『日本書紀』ではヤマトタケルは上総からさらに陸奥国に入り、蝦夷の境に到ったところ、蝦夷の賊首の嶋津神《しまつかみ》、国津神《くにつかみ》らが、竹水門《たかのみなと》に屯して距《ふせ》ごうとしたが、尊の船を望んでその勢いに怖れ、弓矢を棄てて降ったと記され、蝦夷が平いだので常陸国をへて甲斐国に到ったとされる。『日本書紀』

の物語はヤマトタケルが陸奥まで進んだことになっており、次の項で述べる第二段階の状況が反映されているように見える。

『日本書紀』では尊はまだ信濃国、越国《こしのくに》が従っていないので武蔵、上野をへて碓日《うすい》の坂に到り、ここで弟橘媛《おとたちばなひめ》を偲んで「吾妻《あづま》はや」といったので山の東の諸国を吾嬬《あづま》国というとされている。そして吉備武彦《きびのたけひこ》を越国に遣わし、尊は信濃から美濃に入り、ここで越から来た吉備武彦と再会した。尊は尾張で宮簀媛《みやずひめ》を娶り、そのもとに剣を置いたまま近江の五十葺《いぶき》（膽吹）山に登り、荒ぶる神の気に当たって大和への帰途、能褒野《のぼの》で薨じた。そして尊は白鳥と化して大和に飛び去り、さらに河内に至った、とある。

この物語でヤマトタケルの東国遠征に従ったのは吉備臣らの祖にあたる御鉏友耳建日子であったとされているのは、大和の勢力と吉備の勢力との関係がどのようなものであったかをうかがわせるであろうし、ヤマトタケルは遠征の途中で尾張国造の祖、美夜受比売の家に到り、東国からの帰りにまた立ち寄って結婚することを約して東国に向かったとあったり、相武（相模）国に到った時に国造にあざむかれ野に誘い出された話なども、朝廷と東国の地方豪族との関係がどのようなものであったかをうかがわせる。

五　四道将軍の話、豊城命とその子孫の話

天皇家を出自とする豪族の話

『古事記』や『日本書紀』にはヤマトタケルの物語と類似点のある物語がほかにも存在する。『日本書紀』には崇神《すじん》天皇の時に、いわゆる四道《しどう》将軍を派遣した話がある。これは崇神天皇が神を祭ったという話（この話から後に「崇神」という、中国風の漢字二字の諡号《しごう》［おくり名］がつけられた）をうけて、なお各地には天皇の教えに従わない者がいるので、四方に将軍を派遣することになり、大彦命《おおひこのみこと》を北陸に、武渟川別《たけぬなかわわけ》を東海に、吉備津彦《きびつひこ》を西道に、丹波道主命《たにはのちぬしのみこと》を丹波に派遣したというものである。『古事記』では大毘古命《おおひこのみこと》を高志道《こしのみち》に、その子の建沼河別命《たけぬなかわわけのみこと》を東方十二道につかわして、「まつろはぬ人ら」を和平せしめ、日子坐王《ひこいますのおおきみ》を旦波《たには》国につかわし、玖賀耳之御笠《くがみみのみかさ》を殺させたとある。また、大毘古命と建沼河別の父子が「相津《あいづ》」で遭遇したので、その地を「相津（会津）」というのだという地名起源の話が付加せられている。この話はヤマトタケルがヤマトへの帰途、美濃（岐阜県）で越（北陸地方）から来た吉備武彦と再会したという話に通ずるものがある。

ヤマトタケルを遠征に派遣したことになっている景行天皇は、崇神天皇から数えて三代目の天皇であるが、『日本書紀』景行紀には、豊城命《とよきのみこと》の孫の彦狭嶋王《ひこさしまのみこ》を東山道十五国の都督《かみ》に任命したが、赴任

の途中で病に臥せて薨じたので、東国の人びとはひそかに王の尸《かばね》をぬすみ上野国に葬ったという話と、彦狭嶋王の子の御諸別王《みもろわけのみこ》を後任に任じ、その子孫は今に東国にあるという話が記されている。この話は、やはり『日本書紀』崇神紀にある、豊城命と活目尊《いくめのみこと》の崇神天皇の二人の皇子が夢占いをして、活目尊が王位を継ぎ、豊城命が毛野《けの》に拠点を置いて東国を支配することになり、上毛野君《かみつけののきみ》、下毛野君《しもつけののきみ》の始祖となったという説話をふまえている。

これらの話ももちろん事実を伝えたものではない。しかし地方豪族の出自が天皇家にあるという内容の話が、どの皇子を天皇の後継ぎにするかということとの関わりで『日本書紀』に記載されたのは尋常のことではない。かつて法制史家の石井良助氏はこの説話を根拠に、大化の改新のころまで毛野は独立国に近い存在であったという説を述べられたことがあった。石井説のなかの独立国という点はしばらくおくとして、毛野が他の地域とは異なる独自の立場にあったことは事実であろう。毛野の豪族が大和朝廷の東国支配の拠点の責任者として高く評価されていたことは事実であり、あるいは実際に皇族の一員が入婿のような形で毛野入りをしたことがあったのかもしれない。

毛野と中央の深いつながり

一般に古代には地方に出自のある豪族が中央貴族の地位を確保するということはない。ところが上毛野氏、下毛野氏に限っては、たとえば天智朝の将軍の上毛野稚子《わかこ》、奈良時代初期の陸奥按察使《あぜち》だった上毛野広人《ひろひと》、大宝律令の撰定に関与した下毛野古麻呂《こまろ》などのように中央の貴族として活躍した人物が少なくなく、毛野氏が何らかの形で、中央と深いつながりがあることを物語っている。群馬県は古墳王国として知られているが、群馬の古墳めぐりをしていると、ここは奈良県ではないかという錯覚をおぼえるほどである。こんなところにも、毛野と中央との深いつながりを見てとることができるのである。

崇神天皇は『古事記』や『日本書紀』では神武天皇から数えて一〇代めの天皇で、この天皇の時から実質的には人の世の物語がはじまっているので、神武天皇とならぶもう一人の初代の天皇という扱いになっている。そこで四道将軍の話そのものは、天皇の支配が次第に地方に及ぶようになった由来を語るために設定された話と思われ、具体的な史実を反映したものではないであろう。

ヤマトタケルはもちろん実在の人物ではないであろうし、その物語も実際にあった話ではない。また四道将軍などの話もそのままに信じることはできない。そこでこれらの話は完全に机上で創作されたもので、その背景となった史実をさぐることなどは意味がないとする考えもありうる。たしかに、それぞれの物語の背景に、個々の史実があるという考えはいささか飛躍に過ぎるであろう。しかし、朝廷の勢力が地方に及ぶ過程で皇族や重臣が将軍として各地に出陣し、地方の豪族とさまざまな交渉をもち、地方豪族の娘と結婚したり、また地方の勢力と戦いを交えることもあったという、大和朝廷草創期の雰囲気が記憶されていなければ、このような物語が『日本書紀』『古事記』に登場することはありえないであろう。

六　倭王武の上表文と「毛人」

「毛人」とは何か

朝廷の勢力が地方に及んでゆく状況を示す史料としては、倭王武《わおうぶ》の上表文（国書）がある。これは倭王武が四七八（順帝・昇明二）年に中国の南朝宋にあてたもので、倭王武の祖先が西方の「衆夷」の四六六ヵ国、「海北」の国九五ヵ国を征服したことが述べられ、あわせて東方の「毛人」の国五五ヵ国を征服したことが述べられている。

倭王武は、いわゆる倭の五王の最後に位置する人物で、雄略《ゆうりゃく》天皇のこととされている。雄略天皇はワカタケル大王と呼ばれており、その名を刻んだ鉄剣が埼玉県の稲荷山古墳から、鉄刀が熊本県の江田船山古墳から発掘されていることはあまりにも有名である。稲荷山古墳の鉄剣銘文では鉄剣の持ち主であったと思われるヲワケ臣は、ワカタケル大王の側近に杖刀人として仕えたことを誇らしげに述べている。また、江田船山古墳の鉄刀には、やはりワカタケル大王に典曹人として仕えたことが記されている。銘文の内容から考えると、雄略天皇のころには、西日本、東日本各地の豪族に対する大和の支配はかなり強力に及ぶようになっていたと考えられる。

国書では西方の「衆夷」の国々、「毛人」の国々、「海北」の国々を征服したのは倭王武の父祖の働きによるものだとされているから、武からみてそう遠くはない時代には、国書のいう征服活動が進行中だったということにもなる。ヤマトタケルの物語の背後に想定されたような王族や重臣が地方に出陣するようなことは、倭王武の父祖の時代まで継続していたのである。国書で東方の「毛人」の国五五ヵ国を征服したといっているのは、ほぼ東日本全域を支配下に入れたという意味であるから、上表文の「毛人」とは東日本の住民をさしていることになる。

そこで当時の東日本には「毛人」、すなわち多毛な人びとが住んでおり、それはアイヌであろうという考えも出てくるかもしれず、実際にそのように解説している本も少なくないようである。だが話はそう簡単ではない。

当時の国際関係

倭王武がこのような上表文を中国に送ったころの国際関係を考えてみよう。このころの倭国は朝鮮半島において百済・新羅・高句麗と争い、高句麗広開土王碑によれば、四世紀の末には朝鮮半島に出兵して高句麗と戦ったこともあるらしい。しかし碑にも明記されているように朝鮮半島での高句麗の優位は動かしがたかった。そして中国の王朝が高句麗・百済・新羅・倭国の王にそれぞれ認めた称号のなかでも、高句麗に対する称号がもっとも高位のものであった。

このような情勢のもとで歴代の倭王は、朝鮮半島の南部における倭国の優位を保障する称号の授与を求め続けた。倭王武は即位するとあらためて上表文を送り、倭国が中国に対して使者を送り朝貢することを高句麗がさまたげていることを訴え、朝鮮半島南部における優位性を保障する称号の授与を求めたのである。

武が求めた称号は使持節都督倭・百済・新羅・任那・加羅《から》・秦韓《しんかん》・慕韓《ぼかん》七国諸軍事・安東大将軍・倭国王であったが、中国は百済を削って使持節都督倭・新羅・任那・加羅・秦韓・慕韓六国諸軍事・安東大将軍・倭王と修正した上で、武の希望をほぼ認めたのである。完全とはいえないまでも、倭国の主張の一半が認められたのである。

武はこのような要求を認めてもらうために、倭国が広い範囲を支配下に入れていることを中国にアピールした。上表文で「海北」すなわち朝鮮半島において九五ヵ国もの国を支配下におさめたという実績を強調している点は、武の主張のための最大の眼目であったが、あわせて西は「衆夷」の六六ヵ国、東は「毛人」の五五ヵ国を征服したと述べている点も、それなりの意図がこめられた表現であった。

上表文のなかで武は、西日本を支配下に入れたことを「衆夷」すなわち多くの「夷」の国々を征服したと表現している。中国における「夷」という語の用法は基本的には東方の異族のことである。したがって大和朝廷が自身を中華になぞらえて、西日本の地域を支配下におさめたことを表現するのであれば、「夷」よりも西方の異族の意味である「戎」の文字を用いて「衆戎」とでもするべきで、「夷」と表現するのは理屈にあわない。しかし上表文の内容からいっても、当時の倭国の立場から見ても、自身を中華になぞらえることはできなかったに相違ない。

ところが中国の視点に立って見れば、西日本は東方の「夷」の地にほかならない。上表文がいわんとすることのなかには、倭国が「衆夷」の国々を征服し、中国の支配が「衆夷」の国々にも及ぶことに貢献したということを主張する意味もこめられていたのである。

『山海経』の世界観

上表文で「毛人」の国々を征服したと述べていることも、やはり皇帝をはじめとする中国の人が「毛人」という語に接した時にどのようなことを想起するかという観点から考えてみなければならない。古代中国の地理書に『山海経《せんがいきよう》』という本がある。ただしこの本は地理書とはいうものの通常の地理書とはかなり様相の異なるもので、妖怪漫画で知られる水木しげる氏は『山海経』を妖怪が数多く出てくる書の筆頭にあげている。

実際にこの本には山の中や世界の果てなどには足のつまさきが後ろを向いている人、脚が一本しかない人、身体中が毛につつまれている「毛人（毛民）」などの妖怪もどきの人、また四足九尾の狐、両首の虫などの奇怪な生物がいるということが記されている。『山海経』は先秦時代の成立ということになっているが、実際には漢代に成立したものという。『山海経』は現代的な意味での地理書ではなく、古代中国人の世界観が記されたものなのである。ただし魏や晋の時代になると奇怪な内容に対して合理的な解釈をしようという風潮が高まり、これら妖怪のような人や動物が住んでいる国々を中

『山海経』に描かれた「毛民国」の人

国周辺の具体的な地域にあてはめる試みがなされるようである。

『山海経』に代表される古代中国人の世界観では、「毛人」は世界の東の果てに住んでいる、なかばは妖怪もどきの人であった。倭王武の上表文で東の「毛人」の国を征服したといっているのは、このような古代中国人の世界観をふまえ、倭国は世界の東の果てまでを征服し、支配下に入れたということを述べており、またそれは、中国の支配が世界の東の果てに及ぶようになったことについて倭国が貢献したということを主張していることでもあった。東日本の人びとを意味した「エミシ」に「毛人」という漢字があてられたのは、このような背景があったのである。

なお、東日本方面の「まつろはぬ」人びとのことを意味する「エミシ」は後に「エビス」と転訛する。「東《あずま》えびす」という語が東国の人びとをさす語であったことはよく知られていると思うが、この用法は古くは「エミシ」が東国の人たちをさした語であったことの名残なのかもしれない。先には「毛人」という名の貴族の例をあげたが、天平時代の東北で活躍した大野東人《おおののあづまひと》をはじめとして「東人（あづまひと）」を名とする貴族が少なくないのも、この点と関係するのかもしれない。

七　古墳から見る

ここまでは『日本書紀』や『古事記』、また中国の歴史書をもとにした話であったが、この時期は考古学的には古墳時代の前期、中期に相当する。ここでは東北地方について、前期や中期の大型の古墳が存在し、それらのなかにはしかるべき副葬品を有するものも知られていることを、そのような状況が明らかにされた若干のエピソードをまじえながら紹介してみよう。

会津大塚山古墳の発掘

東北地方の前期古墳の代表とされているものが、福島県会津若松市の大塚山古墳である。大塚山古墳の発掘調査が行なわれたのは昭和三八年のことである。この調査では「予想に反して」国産の三角《さんかく》縁神獣鏡《ぶちしんじゆうきよう》を含む多数の副葬品が発見され、会津大塚山古墳の名は一躍天下に知れわたることになった。「予想に反して」と述べたのは、調査を担当した伊東信雄氏自身でさえも、この発掘で以下に紹介するようなすばらしい出土品があるとはまったく考えていなかったからである。

私事にわたって恐縮であるが、私はこの発掘が行なわれた時に東京都の武蔵国分寺跡の発掘調査に参加しており、大塚山古墳の発掘には参加していない。そして私が武蔵国分寺跡の調査に参加するにあたって伊東氏は、会津の発掘ではあまりぱっとしたものは出ないだろうから、武蔵国分寺跡でしっかりと勉強してくるように、といわれたのである。

伊東氏がそのように思うのも理由のあることであった。当時すでに知られていた東北地方を代表する前方後円墳の一つに仙台市遠見塚《とおみづか》古墳があり、これについては外形だけではなく内部構造についてもある程度のことが知られていた。現在の遠見塚古墳は市街地のまっただなかに史跡公園として復元整備された姿を見せているが、私の学生時代の遠見塚古墳は仙台市郊外の広々とした畑のなかに雄大な姿を横たえていたものである。しかし近寄ってみると無残にも後円部の後の半分が切り取られて、何とも奇妙な形をしていた。それは近くに駐留していた米軍が戦後間もなく土取りを行ない、古墳後円部の後半部分の土を運び去った結果だということであった。

その時に土取りの状況を観察し、遺物の収集に努めた伊東氏は、結局五世紀代の土器（土師器《はじき》）の壺一個を確認できただけであった。このような経験をもとに伊東氏は、東北の古墳にはめぼしい遺物は存在しないであろうとの予測を持っていたのである。

会津大塚山古墳の規模は、伊東氏の調査の時には全長九〇メートルとされていたが、その後に行なわれた実測調査によって、全長は一一四メートルとしたほうがよいことが判明している。会津大塚山古墳の埋葬施設は二本の割竹型木棺（東棺と西棺）である。割竹型木棺とはコウヤマキなどの巨木を半截し、それぞれの内部をくりぬいたもので、大塚山古墳の場合は古墳の頂上の平坦な部分から掘りこまれた墓壙《ぼこう》（墓穴）の底面に粘土を敷いて、その上に割竹型木棺が安置されていたようである。副葬品には東棺、西棺に共通するものとして鏡、鉄製の刀剣類、銅鏃、鉄鏃、鉄斧、靫《ゆき》（弓矢を入れて背負う道具）、滑石製の紡錘車などがあり、東棺の鏡には国産の三角縁神獣鏡があった。鉄剣のなかには、三葉環頭大刀という柄の先端部が環状になっており、そのなかに三つ葉形の飾りが入るものが含まれている。

会津大塚山古墳の名前が有名になったのは、副葬品のなかに三角縁神獣鏡があったからである。東北地方では今のところ会津大塚山古墳のほかには三角縁神獣鏡は発見されていない。三角縁神獣鏡には多くの学者が中国製と考えているものと、それをモデルに日本で作られた国産のものとがある。会津大塚山古墳に副葬されていたのは、国産の三角縁神獣鏡である。同じ鋳型で作られたものが岡山県鶴山丸山古墳から発掘されている。

堂ヶ作山古墳の発見

近年、会津大塚山古墳を見下ろすことができる堂《どう》ヶ作山《さくやま》の山頂部や、堂ヶ作山と深い谷をはさんだ対岸の、会津白虎隊で知られる飯盛山《いいもりやま》の頂上にも前方後円墳が存在することが知られてきた。また鳥居龍蔵氏が大正一四年に報じたところによると、会津大塚山古墳の近くには、全長約五〇間（約九〇メートル）の一箕《いっき》山古墳があったという。これは現在は失われているが、事実であれば会津盆地の東部には堂ヶ作山古墳、飯盛山古墳、会津大塚山古墳、一箕山古墳などの年代のさかのぼる古墳が集中していたことになり、近年は一箕古墳群と呼称されるようになった。

堂ヶ作山古墳については古墳の形や構造を明らかにするための発掘調査が行なわれ、その結果全長八〇メートルほど、後円部は三段築成の前方後円墳で、葺石《ふきいし》があることが知られた。また古墳の頂上の平坦になっていた部分には、底に孔をあけた壺が並べられていたことも知られた。一般に地域最古の古墳は、その地域を治めていた豪族の支配地を一望できる高いところにあるといわれるが、堂ヶ作山古墳の立地はまさにそのようなものであり、それまで東北最古の大型前方後円墳とされてきた会津大塚山古墳を眼下に見下ろすことができる。

堂ヶ作山古墳の発掘調査には調査団長の新潟大学（当時）の甘粕健氏らのご好意で私も調査員の一人に加えていただき、平成二、三、六年の三年間、毎夏標高三八二メートルの堂ヶ作山の頂上までよじ登った。そのけわしさは、後に私どもが発掘調査することになる東北北部の平安時代の高地性集落にも匹敵するもので、地域初代の首長の墓とはこのようなものであることをつくづく実感したものである。

堂ヶ作山古墳はまだ埋葬施設の詳細は不明であるが、古墳の形、立地、土器の特徴などを考察すると、会津大塚山古墳よりもさかのぼる年代のものであることはまちがいなかろう。そうすると、会津地方と大和朝廷との関係が生じたのは、会津大塚山古墳が作られた四世紀後半よりもさらにさかのぼることが考えられることになる。

大安場古墳の発見

堂ヶ作山古墳の発掘調査が行なわれ、それによって会津大塚山古墳についても再認識されるにいたったことは、福島県の古墳研究者にも大きな影響を与えた。その最大の成果が郡山市大安場《おおやすば》古墳の存在が確認され、発掘調査に到ったことであろう。

福島県の阿武隈川流域（中通地方）では、それまで大規模な前期古墳は知られていなかった。しかし、この地域にも会津地方と同じように規模の大きい前期古墳があってもおかしくはないということで、郡山市の柳沼賢治氏らは探索につとめ、ついに阿武隈川の東岸にあたる郡山市田村町の山林中に、巨大な古墳ではないかと思われる遺跡を見出したのである。

経験豊かな柳沼氏らの眼力に狂いがあるはずはないのだが、念のためということで堂ヶ作山古墳の調査メンバーである甘粕健氏、辻秀人氏と私が現地に案内していただいたのが、平成六年の夏のことであった。現地は背丈を越える草や雑木が生い茂っており、容易に判断をくだしにくい状態であったが、おそらくはかなり大きな前方後方墳であろうということになった。そして、郡山市教育委員会の依頼をうけて、私と福島大学の学生がその年度中に測量調査を実施し、さらに埋葬施設の発掘調査に進み、次に述べるような成果を得たのである。

大安場古墳は、丘陵の先端に位置する全長七〇メートル前後の前方後方墳である。埋葬施設は古墳頂上の平坦な部分に墓穴を設け、その底部に割竹型木棺を安置した典型的な前期古墳の葬法で、副葬品としては木棺の内部から鉄製の剣、槍、大刀、斧、刺突具、剣を工具に加工したもの、鎌がそれぞ

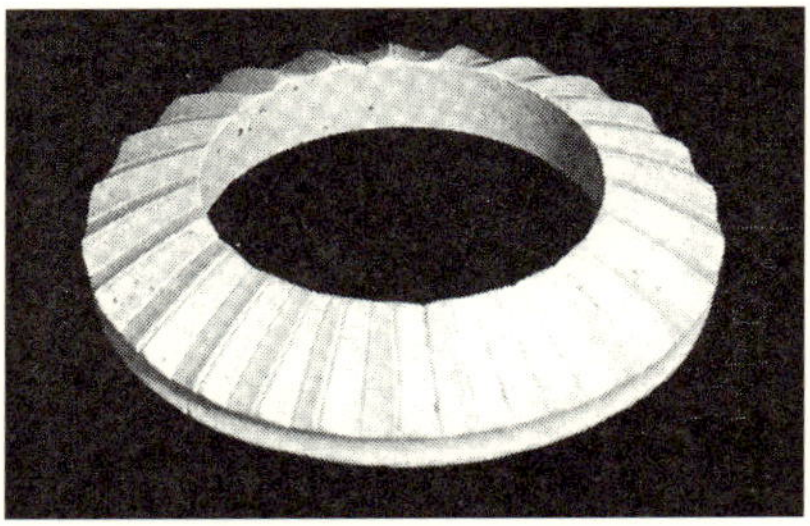

郡山市大安場古墳から出土した腕輪形石製品

れ一点ずつと腕輪形石製品が一個発見され、ぼろぼろになっていて取り上げることができなかったが土器が一個あった。また、もともとは古墳の頂上部にならべてあったと思われる土師器の壺が斜面から大量に発見された。土器は焼成する前に底部に孔をあけたもので、前期古墳からよく発見されるものである。

腕輪形石製品は東北地方では初の発見である。腕輪形石製品は、埋葬施設の発掘に先立って、古墳の頂上の平坦部の調査を行なっていた時に、たまたま埋葬施設に食い込んでいた松の根を抜いた穴の底近くから発見された。作業員のおばさんが穴のなかに何かプラスチックの玩具のようなものがあると、調査に参加していた私のところの大学院生（当時）の遠藤千映美さんに伝え、彼女がそれを見たところ東北地方初の腕輪形石製品の発見なので、全身に震えがはしったそうである。

腕輪形石製品に注目

大安場古墳の年代は土器の様式や埋葬施設・副葬品の様相などから、四世紀後半と考えられ、会津大塚山古墳とあまり年代差はないようである。大安場古墳の副葬品のなかではやはり第一に腕輪形石製品が注目される。腕輪形石製品はもともとは南海産の貝を材料とした弥生時代に見られる腕輪を原形とするもので、古墳時代になると碧玉《へきぎょく》などの緑色の石を素材とする宝器に転じた。腕輪形石製品は前期古墳の副葬品として顕著なものであり、とくに前期後半の古墳からの出土が多い。

腕輪形石製品には鍬形石《くわがたいし》、車輪石《しゃりんせき》、石釧《いしくしろ》の三種がある。鍬形石は南海産のゴホウラという巻貝を縦切りにした腕輪を原形とするもの、車輪石はカサガイやオオツタノハという二枚貝の、石釧はイモガイという二枚貝の中央部に穴を開けた腕輪を原形とする。

この三種のうち鍬形石は畿内とその周辺からしか発見されないが、他の二種は鍬形石よりは分布が広い。大安場古墳の腕輪形石製品は、正円形を呈し、穴の直径にくらべて本体の幅が狭い点で、石釧と共通する点が多いが、穴の周囲にある放射状の線の横断面が波形を呈する点で、車輪石と共通する点もある。副葬品として腕輪形石製品を有する古墳は、それぞれの地域の最有力の古墳であると考えられる。腕輪形石製品については大和朝廷からの下賜品であると考える有力な説があり、少なくとも地域の首長が腕輪形石製品を随意に製作し、副葬品とすることができたとは考えられない。

大安場古墳からは、一点ずつではあるが鉄製の武器・農具・工具の主要なものが出そろっている。また東日本の前期古墳の埋葬施設をみても、それぞれの地域を代表する古墳の場合は割竹型木棺で、それをやや格がさがる場合に組合せ式木棺となる。これらとも考えあわせると腕輪形石製品を入手し、それを副葬品とすることができた大安場古墳に葬られた首長は、大和朝廷と強い関わりを有していた有力な首長と見るべきであろう。

そして今のところ阿武隈川流域の他の地域の前期古墳には、大安場古墳ほどのものは知られていないから、この時期の大安場古墳の被葬者の勢力は、郡山市周辺にとどまったものではなく、より広い範囲に及んでいたと考えることもできるのである。

ただし大安場古墳は前方後方墳であって前方後円墳ではない。一般に同じ規模であれば前方後円墳のほうが前方後方墳よりも格上とされるから、やや大安場古墳の被葬者よりも会津大塚山古墳の被葬者のほうが位置づけが高かったといえるかもしれない。

宮城・山形・岩手県の古墳

前期や中期の古墳は宮城県の仙台平野や大崎平野、山形県の米沢盆地や山形盆地、それに岩手県の胆沢平野にも存在する。仙台平野の北半の地域の大型古墳では、先にもふれた仙台市南小泉の遠見塚古墳がある。全長一一〇メートルの前方後円墳で、米軍の土取り作業にもかかわらず残っていた部分を調査したところ、二本の粘土槨《かく》が並んでいた。副葬品としては、土取り作業の時に古墳時代中期の土師器の壺が出たのを伊東氏が確認しているが、それは現在は所在不明であり、その後の調査で竪櫛《たてぐし》、ガラス小玉、碧玉製管玉《くだたま》が発見されたが、鉄製品や鏡などはなかった。

仙台平野の南半部には、東北地方最大の前方後円墳である名取市の雷神山《らいじんやま》古墳がある。全長一七〇メートルの大古墳であるが、戦前にはほとんど知られていなかった。戦後間もなく小野力氏がこの古墳を「再発見」し、歩測によって遠見塚古墳よりも大きな古墳があると報じた時には、そんなものがあるはずがないといって、はじめは信用されなかったとのことである。雷神山古墳の近くには、五基の前方後方墳と若干の方墳からなる飯野坂《いいのざか》古墳群があり、これらの古墳は雷神山古墳よりも古く築造されたと考えられている。

仙台平野の南の縁辺部にあたる村田盆地にも千塚山《せんづかやま》古墳、愛宕山《あたごやま》古墳、方領権現《ほうりようごんげん》古墳の三基の前方後円墳が存在する。仙台平野よりもさらに北の大崎平野や、山形県の米沢盆地にも大きな前方後円墳や前方後方墳が存在する。大崎平野には古川市青塚古墳がもともとは全長一〇〇メートル前後の前方後円墳とされ、小牛田《こごた》町京銭塚《きようせんづか》古墳は全長六六メートルほどの前方後方墳、色麻《しかま》町念南寺《ねやじ》古墳も全長五四メートルの前方後円墳である。

米沢盆地には、本来は全長七〇メートル前後の前方後方墳であった米沢市の宝領塚古墳、全長七五メートルの前方後方墳である東置賜郡川西町の天神森古墳、全長九六メートルの前方後円墳である南陽市の稲荷森古墳がある。山形盆地には大型の前方後円墳は知られておらず、直径五〇メートルを越える円墳の山形市菅沢二号墳が代表的な古墳である。米沢盆地や山形盆地の大型古墳も、戦後もしばらくたってからの「発見」である。それまではやはり、山形県にそんな大きな前方後円墳などがあるわけがないと考えられていたのであろう。

大崎平野は奈良時代前後の古墳を別とすれば、古墳時代の各段階の古墳が存在する北限である。ところが、岩手県の水沢市に隣接する胆沢町には角塚《つのづか》古墳がある。角塚古墳は、多くの古墳がある大崎平野から四〇キロほどの、古墳の空白地帯を飛び越したところにあるただ一つの古墳である。

角塚古墳は全長四四メートルとやや小型ではあるが、立派な前方後円墳で、埋葬施設は未発掘であるが、円筒埴輪、形象埴輪があり、形象埴輪には人物、水鳥、動物、家形をふくみ、五世紀末ころの年代のものである。この古墳が世に知られるきっかけとなったのは、戦後すぐに岩手県平泉で行なわれた文化講演会の際に、伊東氏がこの古墳出土の埴輪を見る機会があったことからだという。

東北地方の前期・中期の古墳文化

五世紀ころまでは大和と地方豪族との関係は、大和を盟主とはするもののなお同盟関係にとどまっており、大和が地方を完全に支配するという状況にはなっていなかったと考えられている。したがって、三角縁神獣鏡を出した会津大塚山古墳の被葬者や、その先代かもしれない堂ヶ作山古墳の被葬者、腕輪形石製品を出した大安場古墳の被葬者などは、何らかの形で大和を中心とする同盟の輪のなかにあった存在であろう。また、仙台平野、大崎平野、米沢盆地、山形盆地などの前期・中期の大型古墳の被葬者たちも同じように考えてよかろう。

東北地方に大和の文化が入ってきたのは、「蝦夷征伐」の時代をはるかにさかのぼる古墳時代の前期であり、前期や中期の古墳は、蝦夷に対する政府側の拠点となる城柵が設置された宮城県、山形県から岩手県にまでひろがっている。そしてこのような状況は、蝦夷日本人説にとって有利にはたらいたのである。

古墳時代前半段階

ここで東北地方にも前期・中期の古墳が存在することの意味を、全国的な視野で考えておこう。古墳時代は、天皇家を中心とした畿内勢力が中核となる日本古代国家がしだいに形をととのえてゆく時期である。畿内とは、奈良県、大阪府、京都府と兵庫県の瀬戸内海に面した部分の大阪府よりの一部（大和、山城、河内、摂津、和泉）のことで、古墳時代はこれらの地域に本拠地のある豪族が、古代国家の支配者としての地位を確立してゆく時期といいかえることもできるであろう。畿内の勢力がどの地域まで力をのばしたかを知るためには、古墳のひろがりが手がかりになる。

前方後円墳などの分布などから考えると、大和朝廷の力は五世紀以前にすでに関東地方からさらに東北地方南部にまで及んでいたとしてよい。五世紀ころまで、すなわち古墳時代前半段階では、おおまかにいえば古墳が作られたのは、南は九州西岸の熊本県の宇土半島付近と九州東岸の宮崎県から鹿児島県の志布志湾岸まで、東日本では新潟平野と東北地方南部までである。

この段階では代表的な古墳は前方後円墳または前方後方墳である。前半段階の古墳の規模は、それぞれの地域においては後半段階のものにくらべて大きいが、古墳の数は後半段階にくらべて少ない。いわば前半段階の古墳は、それぞれの地域での最上層の人びとの墓であった。そしてこの段階の古墳は、一つの古墳に複数の埋葬が見られることはあっても、古墳そのものは主たる埋葬者である特定の人物のために作られるものであった。

前方後円墳は同盟のシンボル

考古学者の近藤義郎氏の説によれば、形の上でも、内部構造（埋葬施設）・副葬品などの点でも原則を同じくする前方後円墳などの古墳が東北から九州までの広い地域にわたって作られたのは、同盟のシンボルとしての意味がこめられていたからではないかという。

形というのは、全国の有力な古墳は前方後円墳（その亜種ともいえる前方後方墳を含む）に統一されることである。前方後円墳は、古墳の主人が葬られている後円部の前方に細長い張り出しがつくことが最大の特徴である。

内部構造（埋葬施設）は前期の場合では、後円部頂上の平坦面に墓穴（墓壙）を掘り、その底部に死者を納めた割竹型木棺（長さ数メートルに及ぶ丸太材をくりぬいて身と蓋を作る）を安置し、割竹形木棺を粘土でくるんだり（粘土槨《ねんどかく》）、前後左右に石を積み上げ、さらにその上に蓋石を置いて（竪穴式石槨）密封する。ただし割竹型木棺ではなく組合せ式木棺を用いる場合もあるが、これはやや格が下がるもののようである。

中期の場合では、長持形石棺や割竹型石棺が用いられるようになる。長持形石棺は底石、蓋石と左右の側面の石二枚、両側の小口の石二枚の、あわせて六枚の板石を組み合わせた石棺、割竹型石棺は割竹型木棺の形を石にうつしたものである。埋葬施設の周囲や後円部・前方部の縁の部分、段築された各段の平坦面には埴輪（この場合は人物や動物などをかたどった埴輪ではなく、円筒形の埴輪を中心とする。時には埴輪ではなく壺形の土器をならべることもある）がたてられ、古墳の表面には屋根に瓦を葺くように石を葺くことも珍しくはない（葺石）。

この時期にも円墳もあり、なかには直径が数十メートルという大規模な円墳もあるが、これはその被葬者が何らかの点で、前方後円墳または前方後方墳に葬られる資格を欠いていたこと、すなわち同盟のメンバーのなかではランクが下位であったか、または完全な意味では同盟のメンバーそのものとはみなされておらず、同盟の一員であった地方のメンバーを盟主とする、地域同盟のメンバーとしか認められていなかったことを意味するのかもしれない。

副葬品には金属製の鏡、腕輪形石製品、靫《ゆき》、鉄製の武器、農工具、甲冑などがある。鏡は中国製のものと国産のものとがあるが、前期前半では画文帯神獣鏡《がもんたいしんじゅうきょう》や三角縁神獣鏡などの中国産と思われる鏡が中心で、数的には三角縁神獣鏡が目立つ。前期後半になると、国産の三角縁神獣鏡と腕輪型石製品が目立つようになる。甲冑は中期に顕著な副葬品である。

前方後円墳などの古墳のこのような姿は、大和の王者を中心として各地域の王者が参加する同盟のネットワークが列島中に張りめぐらされたということである。そして大和の王者以外では、吉備（岡山県と広島県の東部）の王者がもっとも強力であり、北九州の王者も同盟の有力なメンバーであった。ベストテンに入る前方後円墳のなかで奈良盆地と河内平野以外の地域のものは、岡山平野の造山《つくりやま》古墳（全長三五〇メートル）だけなのである。吉備の王者は初期のころには大和の王者と肩をならべる存在であったかもしれない。吉備の勢力が皇妃を出し、また応神天皇の即位にあたって、吉備勢力が吉備出身の妃を母とする星川皇子の即位を画策したという、いわゆる反乱伝承も、このような状況を物語っているといえよう。東日本では、大型の古墳やすぐれた副葬品を有する古墳が多い尾張や毛野の王者がとりわけ力があったと思われる。

なお前方後円墳をシンボルとする同盟といっても、内部的には力のあるものとそうではないものとの差がかなりあった。そして大和、吉備、北九州などの王者は全国ネットの同盟のメンバーであると同時に、それぞれの地域の中小の有力者をメンバーとする地域同盟の盟主でもあったであろう。同盟関係は何重もの鎖の連関からなっていたと考えられるのである。

三角縁神獣鏡と中国の情勢

会津大塚山古墳を有名にしたのは三角縁神獣鏡の発見であった。三角縁神獣鏡についてはさまざまな議論があり、最近は奈良県黒塚古墳から三三枚もの大量の三角縁神獣鏡が発見され、あらためて話題となった鏡である。

三角縁神獣鏡についての議論は、大きくいえば、ほとんどの研究者が国産と認める量的には少量のグループを除いたものが、中国産か国産かという議論に集約されるであろうが、ここでは多くの学者が中国製と考えているグループと、これを模して作られた国産のものとがあるという立場で話を進める。そして中国製と考えられているもののなかでも、もっとも古く日本にもたらされたものは、いわゆる卑弥呼の鏡で、倭国の女王卑弥呼が中国魏の皇帝から与えられたものと考えられる。ただし卑弥呼やその後を継いだ台与《とよ》女王がもらったのは、多くの古墳から発見される三角縁神獣鏡よりもずっと立派なものであった可能性を指摘する説もある。

中国産の三角縁神獣鏡と考えられるものも、画文帯神獣鏡のような同時代のほかの種類の中国産鏡とくらべると異常に大きくつくられており、かつこれまでにすでに数百枚の発見例があるから、全体としてはどれほどの枚数があるのか見当もつかないほどである。

私のように鏡に接する機会の少ない者にとっては、三角縁神獣鏡はとても立派な鏡に見えてしまうのだが、実は三角縁神獣鏡は大量生産された粗雑な鏡であるという印象は否めない。日本で発見される三角縁神獣鏡と完全に同じものは中国では発見例がないこととも考えあわせると、三角縁神獣鏡は倭国むけに大量に作られたものにちがいなく、そうであれば古い段階のものは都の洛陽で作られたとして、後には魏と倭国の結節点にあたる帯方郡のようなところで作られたのかもしれない。

三角縁神獣鏡などの中国産の鏡は倭国王から政権の中枢部のメンバーや、地方の同盟者たちに分かち与えられた。また倭国王の同盟者からさらにその同盟者に分け与えられたこともあったであろう。そして中国産の鏡を所有することは、政権中枢部のメンバーであること、または倭国王の同盟者であること、同盟の背後には中国があることの証しであった。

しかし、鏡は副葬品として古墳に埋められたので、倭国王は次の世代の有力者に対してもあらためて鏡を分かち与え、それが政権内部の人物である場合には信頼関係の維持をはからなければならなかったし、同盟者の場合には同盟関係を維持する必要があり、そのためには維持的に中国から鏡を入手しなければならなかった。

ところが、中国では魏から晋《しん》への王朝の交替があった直後から、北方民族の侵入に苦しむようになり、政権が不安定になった。そのために倭国の側からの中国への遣使も徐々に行なわれなくなり、やがて途絶えることになった。そしてこのような情勢のなかで、中国製の鏡の不足に対応するために作られたのが国産の三角縁神獣鏡であると考える。

そして、国産の三角縁神獣鏡も中国産の三角縁神獣鏡と同じ意味を持つことが期待されて、大和から全国に配布されたのであろうが、やがて中国において魏を継承した晋の勢いが衰えると、三角縁神獣鏡の背後には強力な中国の王朝がひかえているという意味も薄くなり、国産の三角縁神獣鏡の製作も行なわれなくなるのであろう。

いずれにせよ、会津大塚山古墳の被葬者が三角縁神獣鏡を所有していたことの背後には、魏・晋代の東アジア世界の秩序が存在していた。しかしその秩序を背景にした大和勢力と地方豪族との関係は、やがて晋が崩壊に向かいはじめると、その秩序に頼った関係を保つことができなくなり、おのずから別の原理をふまえた再編成が必要になるのである。

八　北の世界の文化・続縄文文化

続縄文文化とは何か

続《ぞく》縄文文化という語は多くの読者の方にはあまり聞きなれない語であろうが、これは縄文文化に後続する北の文化のことである。水田稲作農耕は縄文時代の直後に本州北部の津軽平野にまでとどいたのであるが、ここからさらに北にひろがることはなかった。イネはもともとは長江（揚子江）下流を含む中国南部の暖かいところで栽培種となった作物で、高緯度地方の冷涼な気候に適しない作物だからである。そこで北の地域では、縄文時代以後も縄文時代と同じような生活が続いた。続縄文文化とはこのような文化である。

続縄文文化は前半段階と後半段階の二時期にわけて説明するとわかりやすく、前半段階は年代の上では弥生時代に併行し、後半段階はほぼ古墳時代に併行する。続縄文文化の前半段階の北海道は、道東部、道北部、道央部でそれぞれ地方色はあるものの、全体としてはよく似た文化がひろがっていた。これを後北式《こうほくしき》文化という。一方で道南部には、渡島半島東端付近の恵山《えさん》町恵山貝塚から発掘された土器をもとにして命名された、恵山式土器の小文化圏があった。恵山式文化のひろがりは、道南のほかに津軽半島の突端部に位置する青森県東津軽郡三厩《みんまや》村宇鉄《うてつ》Ⅱ遺跡のように、本州の一部にも及んでいる。恵山式の文化は海に依存する度合いが高かったようで、主な遺跡は海岸部に存在する。

　続縄文文化の後半段階になると、後北式土器は次第に北海道の全域にひろがるようになり、北海道内の複数の小文化圏の対立は解消した。続縄文文化の後半段階は、土器の模様などの変遷をふまえ、おおまかには四世紀代の後北Ｃ$_2$・Ｄ式、五世紀代の北大《ほくだい》Ⅰ式、六世紀代の北大Ⅱ式の各段階に細分されている。後北式文化圏の拡大現象の背景には、気候が冷涼化したために、道南部ではマグロなどの暖流魚の漁がうまくゆかなくなり、加えてシカなどの陸獣の捕獲、堅果類の利用などにも影響が出て、それまでの生活のシステムが崩壊し、より寒冷な気候にふさわしい生活に転換せざるをえなくなったのであろう。

　後北式の生活のシステムは、河川の流域ではサケ、マスの捕獲に重点を置き、また海岸部では海獣の捕獲が重要な意味を持っていたらしい。また墓の副葬品として石鏃が多く発掘されることからすれば、狩猟が大きな意味を持っていたことも確実である。ただし、とくに続縄文文化後半段階では、住居跡の発掘例がきわめて乏しいのに、墓は各地で多数確認されているという不思議な現象がある。おそらくは、冷涼な環境のもとでは定住生活はむずかしく、いくつかの拠点を転々とするような生活ぶりであり、そのために本格的な住居は作られなかったのかもしれない。

　後北Ｃ$_2$・Ｄ式や北大Ⅰ式の文化は、北海道にとどまらずに東北地方の北部にまでひろがっている。実は昭和四〇年、五〇年代までは、前代に行なわれるようになった東北北部の稲作は、そのまま普及・定着し、東北南部と同じような農耕文化が東北北部にもひろがっており、東北北部にも東北南部と同じような土師器を用いた人びとの集落が広範囲に存在するだろうと考えられていた。たしかに東北南部の古墳時代前期・中期の土師器と同じものが断片的ながら東北北部でも知られていたし、石製模造品（鏡・剣などを滑石《かっせき》でかたどった五世紀代の祭祀用品）も存在し、古墳時代後期の土師器も一般的であるとされていたからである。

東北北部で発見された後北式の遺跡

古墳時代の集落は昭和三〇年代までは東北南部でもほとんど知られていなかった。しかしその後、開発にともなう大規模発掘が行なわれるようになると東北南部では四世紀、五世紀代の集落も続々と発見されるようになった。そこで東北北部でもいずれ東北南部と同様に前期・中期の集落が発見されることが期待されていた。

しかし大規模発掘が進行しても、一向に前期・中期の土師器の集落は発見されないのである。また、それまで古墳時代後期の土師器とみなされていたものの大部分は、より新しい七世紀から八世紀のものであることが判明し、その結果東北北部では後期の集落もきわめて希薄であると考えなければならないことになったのである。こうして古墳時代に相当する時期の東北北部が続縄文文化の世界であることが、次第に明らかになっていったのである。

東北北部に本格的な後北式の遺跡が存在することを強く印象づけたのは、昭和六一年に秋田県埋蔵文化財センターが行なった秋田県能代《のしろ》市寒川《さむかわ》Ⅱ遺跡の調査である。発掘調査された範囲で長楕円形の六基の墓穴が確認され、そのなかに後北C_2式土器などが副葬されていた。寒川Ⅱ遺跡の墓の形態や土器の副葬の状況などは、北海道の同じ時期の遺跡と変わるところがない。

私が発掘調査の現場を訪れた時にはもう墓穴は消滅していたが、調査にあたった高橋学氏、小林克氏からくわしく説明していただき、また埋蔵文化財センターで土器を実見して、東北北部の文化の北海道的側面は無視できないし、これだけの遺構が東北地方にある以上は、この時期には、東北北部に北海道と同じ文化がひろがっていたと考えるほかはないと強く感じた。

寒川Ⅱ遺跡の調査によって、かつて岩手大学の草間俊一氏や盛岡市公民館の吉田義昭氏らが行なった盛岡市永福寺山遺跡の調査結果が再評価されることになった。ここでは一〇基の墓穴と思われる遺構があり、後北C_2式に塩釜式（東北南部の古墳時代前期の土師器の型式名）相当の土師器とが伴ったらしい。

さらに、国立歴史民俗博物館の阿部義平氏が調査した青森県上北郡天《てん》間《ま》林《ばやし》村森ヶ沢遺跡の調査でも、すばらしい成果が得られた。この遺跡は小又遺跡とも呼ばれており、東北北部では例外的に南小泉式（東北南部の古墳時代中期の土師器の型式名）の土師器や五世紀代の須恵器《すえき》が出土したことで知られており、どのような性格の遺跡なのかは謎とされていたのだった。調査の結果多くの墓穴が確認され、須恵器や土師器は北大Ⅰ式土器とともに副葬品として墓に納められていたものであることが確認された。

墓は円形または楕円形で、多くの墓には底部と側壁が接する部分に袋状の小穴があり、ここから土器が発見された例もある。また墓の底に一対の小穴のある例もあった。そして、墓穴の構造、形態、副葬品のなかに琥珀玉などを含む点で、北海道の同じ時期の墓と同じである。南の系統の文化を代表する土師器や須恵器がかなり多量に副葬されており、南の文化と北の文化の交流しているさまを具体的に示している。

現在では続縄文文化後半段階の遺跡は、青森県では下北半島および八戸市周辺から上北《かみきた》地方にかけて多くが知られている。津軽地方では今のところ例は少ない。岩手県では主として盛岡市以北の北上川上流部や北上川の支流雫石《しずくいし》川流域、それに馬淵《まべち》川流域などで三〇遺跡以上が知られている。秋田県では小坂、大館地方に多い。宮城県では主として県北西部の江合《えあい》川中流部に遺跡が集中している。

稲作前線の後退

東北地方からも北海道と同じ土器が出土するということが知られてくると、その解釈をめぐってさまざまな意見が出された。北海道から東北へきた旅人が残したもので、土器も北海道製だろうという意見、北海道の続縄文人の生活圏が東北にもひろがったのであり、北海道人が大挙南下したのだろうという意見、そして東北北部でかつては水田稲作を行なっていた人びとの子孫のものであろうという意見などである。どの考えにもそれなりの根拠があり、また答えもかならずしも一つとは限らないであろう。

しかし近年に発掘された若干の遺跡の調査成果は、交易のために北海道から人が来たことも、北海道の人が東北に移住したことがあったことも否定できないものの、前代までは東北北部で稲作も行なっていた人びとの子孫が、続縄文文化後半段階の文化を受容するようになったことを示しているように思われる。

なお、宮城県中部以南の地域でも多賀城市山王遺跡、名取市清水遺跡、石巻市新金沼遺跡でいずれも土師器とともに後北C_2式土器が、山形県鶴岡市山田遺跡で北大Ｉ式土器が発見されている。また新潟県では刈羽郡西山町内越《うちこし》遺跡で、竪穴住居跡の覆土から弥生時代終末期の土器とともに、西蒲原郡巻《まき》町南赤坂遺跡では古墳時代初期の土器とともに後北C_2式土器が発掘されているが、これらは古墳時代人と続縄文文化人との交流を物語る資料と理解してまちがいないであろう。

こうして前段階に津軽平野まで北進した稲作前線は、冷涼化の影響により東北北部と東北南部の境まで押し戻されたことが知られたのである。東北北部の風土は北海道とほとんど同じようになり、前段階のような水田稲作農耕はほとんど不可能になった。そのために人びとは北海道の人びとと同じような生活を送るようになったのであろう。

第三章　大和の支配の外にある者としての「エミシ」――第二段階

一　国造制

五世紀ころまでの大和と地方との関係は、大和を中心とする同盟関係にとどまっており、地方の勢力もさまざまな要因によって大和と戦いをまじえることもあった。しかし大和の力は徐々に高まり、六世紀になると大和朝廷と地方の関係は、支配する者と支配される者の関係に変わっていった。古墳の状況から見ても、古墳時代の後期になるとそれまでの有力豪族が没落し中小豪族が台頭したとみられるのであるが、この現象の背後には地域の動きとともに、朝廷が意識的にそれまでの有力豪族の力を削る政策をとったと思われる。

国造《くにのみやつこ》制は大和と地方とのこのような関係をふまえた制度である。国造制とは朝廷がそれぞれの地域の最有力な豪族を国造に任命し、それぞれの地域の土地と人民の支配をゆだねる制度である。それぞれの国造の支配領域は、ほぼ大宝律令以後の郡程度のものであったと考えてよかろう。国造の支配領域はクニ（以下は律令時代の陸奥国などの国と区別するために、クニと表記する）と呼ばれた。この段階になると、それぞれの地方を代表する豪族であっても、もはや大和朝廷の同盟者というような存在ではなく、朝廷によって国造に任命され、朝廷の地方官に位置づけられたのである。

国造が朝廷から与えられたカバネ（姓）は、一般の国造が直《あたい》、有力な国造の場合には君《きみ》であった。東国で君の姓を有する代表的な例は上毛野《かみつけの》国造・下毛野《しもつけの》国造である。上毛野国造・下毛野国造の領域は他の国造の領域よりも広く、上毛野国造の場合は群馬県全域、下毛野国造の場合は那須地方を除いた栃木県地方である。

国造は朝廷に対して地域の特産品の貢納の義務を負い、朝廷から力役や兵役提供を命ぜられた時には、国造自身または一族の者が領民を率いて参加しなければならず、それは時には海をこえた外征のこともあった。また、国造の領域の内部に屯倉《みやけ》のような朝廷の直轄地が設定されるような場合には、その管理の責任を負った。

さらに国造は一族のなかの若い男子を舎人《とねり》として、また麗しい女性を采女《うねめ》として貢上する義務があった。舎人や采女は天皇や皇子たちなどの身辺に仕えたのである。舎人、采女には一種の人質的な意味もあったといわれているが、他方では地方豪族である国造一族と天皇家の主従意識を強化する役目も果たした。このように国造制は、大和を中心とする政治秩序のあらわれであり、大化の改新以前の朝廷の地方支配に大きな役割を果たしたといえよう。

国造制の成立時期については六世紀の中ごろと考える説が有力であるが、東国の場合はやや遅れ、六世紀末とみる説もある。

二　東北の国造

各地域にどのような国造のクニがあったかについては、『古事記』『日本書紀』などによって断片的に知ることができるほかに、まとまった国造のクニのリストともいうべき「国造本紀」（『先代旧事本紀《せんだいくじほんぎ》』〔『旧事紀《くじき》』ともいう〕巻一〇）という史料がある。

『先代旧事本紀』は序文に、聖徳太子の時に編纂された歴史書であると記し、『日本書紀』には、蘇我本宗家滅亡の時にそれらは火災で失われそうになったが、船史恵尺《ふねのふひとえさか》によって救い出されたと記されている。

そのことから、以前には『先代旧事本紀』は『古事記』『日本書紀』とならぶ貴重な歴史書とみなされていたこともあったが、推古朝以後のことも記されていること、奈良時代やそれ以前の仮名遣い法（上代特殊仮名遣い）に合わないこと、物部《もののべ》氏の祖先にあたる神や人が大活躍するように記されていることなどから、現在は物部氏が没落した平安時代になってから、より古い時期の成立であるかのように仮託して作られた書であるとみなされるようになり、『日本書紀』や『古事記』ほどには重んじられなくなっている。

国造と主要な大形古墳、城柵、終末期古墳の分布

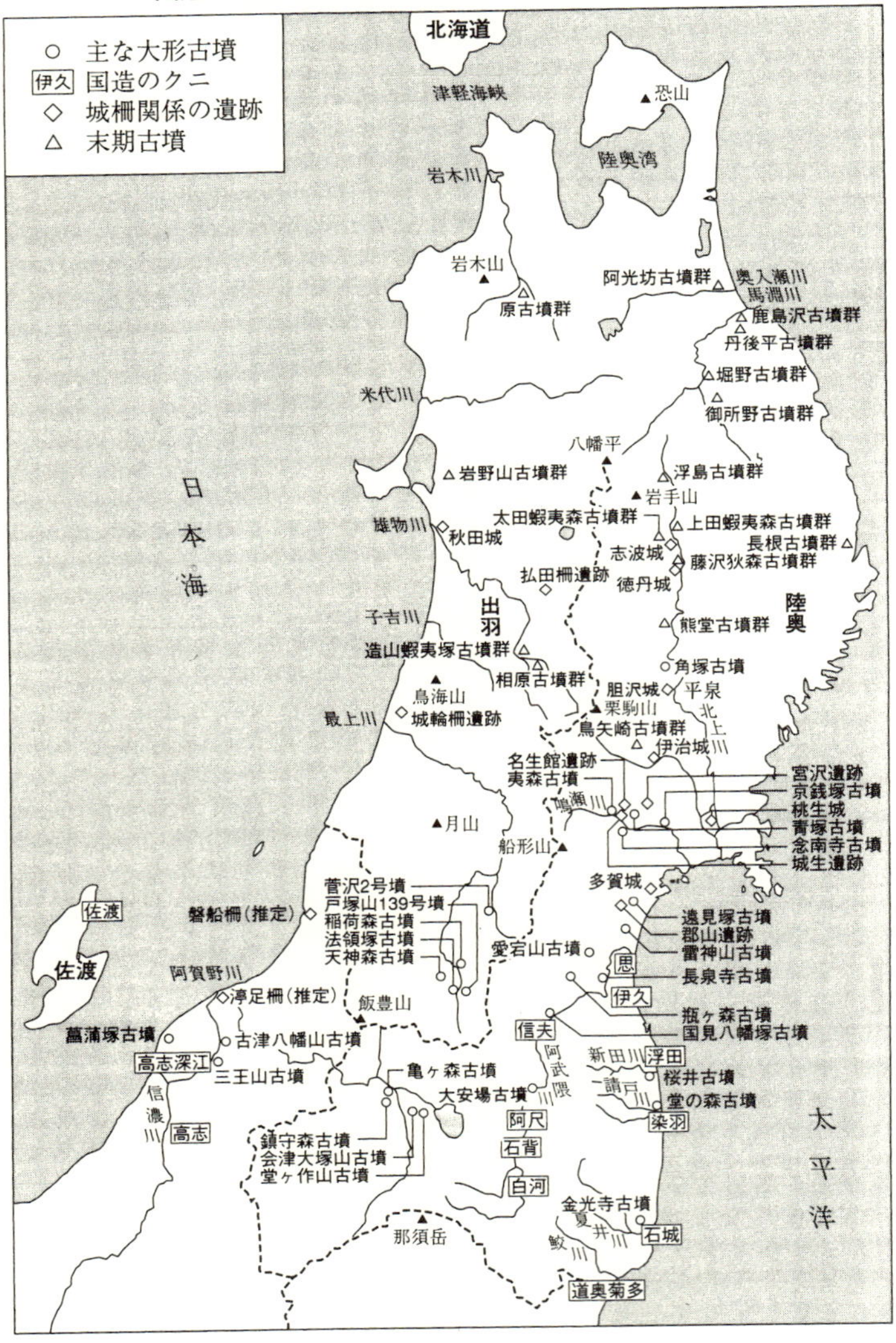

しかし『先代旧事本紀』はまったくの創作ではなく、何らかの古い材料に『先代旧事本紀』にふさわしい潤色を加えたものであるらしく、近年は「国造本紀」も何らかのよるべき材料にもとづいていると見られるようになった。

そこで、「国造本紀」を中心にほかの史料も参考にしながら東北日本関係の国造の名称をあげてみると次のようになる。

・福島県浜通地方　陸奥菊多《みちのおくのきくた》国造（いわき市勿来《なこそ》付近）、石城《いわき》国造（いわき市平《たいら》付近）、染羽《しめは》国造（双葉郡付近）、浮田《うだ》国造（相馬市、原町市付近）

・阿武隈川流域　白河国造（白河市付近）、石背《いわせ》国造（須賀川市付近）、阿尺《あさか》国造（郡山市付近）、信夫《しのぶ》国造（福島市付近）、伊久《いぐ》国造（宮城県伊具郡）、思国造（何らかの字のまちがいがあるが、宮城県亘理《わたり》郡付近であろう）

・北陸地方東部　久比岐《くびき》国造（新潟県頸城郡）、高志《こし》国造（柏崎市付近）、高志深江《こしのふかえ》国造（新潟県蒲原郡）、佐渡国造（佐渡）

この一覧からわかるように、国造のクニが置かれていたのは、太平洋沿岸では阿武隈川河口以南、北陸地方では新潟平野西部、すなわち信濃川・阿賀野川の河口以西である。したがってこの範囲が国造制の時代に朝廷の直接の支配が及んでいた範囲ということになる。そして信濃川・阿賀野川河口より北の新潟県北部、阿賀野川の上流にある会津盆地、山形県の米沢盆地と山形盆地、宮城県の仙台平野と大崎平野は国造制が及んでいない地域であることがわかるであろう。

三 「エミシ」と朝廷

国造制が行なわれるようになると、国造のクニが置かれた地域では、恒常的に朝廷の軍と戦いをまじえるようなことはなくなった。しかしこの段階でもなお、国造制の外の人たちは大和の軍と衝突することもある手強い相手だった。ここにおいて手強い人びととしてクローズアップされてきたのは、国造のクニが置かれたさらに外の人たちである。こうして阿武隈川河口以北、信濃川・阿賀野川河口以北、そして会津盆地、米沢盆地、山形盆地などの地域がエミシの世界ということになった。

次の段階のことになるが、大化の改新の後、政府はエミシの世界に城柵を築いたが、大化直後に置かれた最古の城柵は新潟県北部と仙台平野以北にあり、国造制が行なわれていた地域には城柵が置かれなかった。この点は、大化のころにはエミシの世界とは国造制が行なわれていた地域の外側とされていて、国造制が行なわれていた地域はエミシの地とはみなされていなかったことの有力な証拠になるであろう。

ただし「エミシ」と朝廷は無関係であったわけではなく、朝廷との間に従属的な関係をとり結んだ「エミシ」があった。その具体的な姿は、都やその周辺における服属儀礼の状況に反映されている。

この段階での「エミシ」の服属儀礼の実態は後の律令制の段階のそれとはかなりに異なるもので、朝廷の直接支配の外の住民と朝廷との間でかわされていた伝統的な姿をとるものであり、次の段階になって見られるようになる、中国において朝貢してきた異民族が皇帝に対して行なう儀礼を模した律令的な儀礼とは内容が大きく異なるものであった。

朝廷と服属関係を結ぶことになった「エミシ」についても、多くは「エミシ」が辺境に侵入したところから話がはじまっているので、その時には、「エミシ」側と朝廷の側との間である程度の戦いが行なわれたと見てよかろう。

『日本書紀』の舒明《じよめい》天皇九年の条には、大仁《だいじん》（推古朝の冠位、いわゆる冠位十二階の上から三番目）上毛野君形名《かたな》を将軍に任じて蝦夷を討たせた記事がある。この記事は形名の軍が敗れ、その妻が夫を激励し、部下の女性たちに命じて己の弦を鳴らさせ、蝦夷はなお多くの軍勢が残っていると思ってやや退いたので、散り散りになっていた兵士も集まってきて、蝦夷を破ることができたという、やや牧歌的な内容になっている。

そして、仁徳天皇五五年の条にも次のような話がある。上毛野氏の祖先にあたる田道《たみち》が伊寺水門《いじのみなと》というところで蝦夷と戦って敗れ、妻も田道の手纏《てまき》を抱いて死んだ。後に蝦夷が再び襲ってきて田道の墓を掘ったところ、大蛇が出てきて蝦夷はその毒にあたり、多くが死んだので、人びとは田道は死んでも讎《あだ》を報いたのだといった。

この二つの上毛野氏関係の記事について、坂本太郎氏は、『日本書紀』編纂の時に利用された上毛野氏の家の記録ともいうべきものが原史料であろうと述べられた。その説をふまえて考えるならば、仁徳天皇五五年の記事は上毛野氏の家記に存在した祖先伝承で、そのままには史実と見ることはできないものであろうが、舒明九年の記事は牧歌的な部分を含むものの、形名が「エミシ」と戦ったという点は事実をふまえていると見てよいのではないかと思う。そして「エミシ」との戦いに関与したことは上毛野氏にとって重要なできごとであったので、祖先伝承にも「エミシ」との戦いのことが挿入されたのであろう。

この段階で「エミシ」との戦いに関与したのは上毛野氏だけではない。上毛野氏の場合は、家記が『日本書紀』編纂時に史料として採用されたために、上記のような記事が残されたわけであるが、上毛野氏のほかに阿倍氏や大伴氏も大きな役割を果たしたことがわかっている。

このように、この段階における「エミシ」と朝廷の関係には多様なものがあり、国造制の外の地域にも朝廷の影響は一定程度及んでいたし、またある程度の武力衝突もあったのである。大化の改新に際して東国に派遣されたいわゆる東国国司《とうごくこくし》の任務のなかには、地方豪族から武器を収公するということがあったが、蝦夷と境を接する地域については、いったんは接収した武器をチェックした上で、もとの持主に仮授している。このような政策がとられたのも、朝廷と「エミシ」との戦いがそれまでにもあったからなのであった。

なおここでいうに「蝦夷と境を接する処」は、陸奥国と隣接する毛野（群馬・栃木県）のような地域とする説もあるが、そうではなく国造制が行なわれていた地と蝦夷の地との接点、すなわち東北地方南部や新潟平野方面のこととするのが妥当であろう。

第四章　大化の改新後の世界——第三段階

一　大化の改新とコホリの設定——『常陸国風土記』を読む

東国国司の派遣

大化の改新のはじまりは中大兄皇子《なかのおおえのおうじ》らによる蘇我本宗家打倒のクーデターであった。このクーデターで蘇我入鹿《いるか》は朝廷で暗殺され、父の蝦夷《えみし》は自殺した。クーデター派の中心人物は中大兄皇子（後の天智天皇）であり、参謀格の人物としては中臣鎌足《なかとみのかまたり》（後に藤原の姓を賜る）があり、蘇我氏一族の蘇我倉山田石川麻呂や阿倍内麻呂も、クーデター成功後には左大臣と右大臣という重要な地位を占めている。クーデターを断行して権力を掌握したグループには、従来よりもより強力な中央集権国家をめざそうという目的意識があった。このクーデターが単なる権力闘争以上の歴史的な意義があるとされるのは、クーデター派が推進した政治改革が律令制につらなるものであったからである。

中央集権を実現するためには、それまでの地方制度である国造制に手を加える必要があった。国造制のもとでの朝廷と地方との関係は間接支配にとどまっていたからである。そのために蘇我氏滅亡の直後に新政権が行なったのが、いわゆる東国国司《とうごくこくし》の派遣である。東国国司という語は『日本書紀』に用いられている語であるが、後の陸奥国など個々の国の国司とは異なるもので、東国全般を若干の区域に分かち、それぞれの区域ごとに三人一組で派遣され、地域の実情を視察・報告する任務を与えられていた。このようにして地域の実情を把握した上で、数年後にいよいよ国造制を再編する事業がはじめられたのである。

『常陸国風土記』には、孝徳朝の末に朝廷から派遣された高向臣《たかむこのおみ》、中臣幡織田連《なかとみのはとりだのむらじ》らが「我姫《あづま》之道」の八国の一つとして常陸国を置き、また信太《しだ》郡、行方《なめかた》郡、香島《かしま》郡、多珂《たが》郡などの郡もこの時に置かれたことが記されている。『常陸国風土記』は奈良時代に諸国に作らせた風土記の一つで、播磨国、出雲国、豊後国、肥前国の風土記とならんで、現在まで完全な形で残っている数少ない風土記の代表である。そして『常陸国風土記』には、常陸国や国内の諸郡が置かれた由来が記されているのである。

『常陸国風土記』には高向臣、中臣幡織田連らは惣領《そうりょう》と記されている。惣領は大化元（六四五）年の東国国司に次ぐ第二次の東国国司ともいうべきもので、後の数国をあわせた程度の地域をそれぞれ担当し、国造のクニを「評」（コホリ、大宝律令以後はコホリに「郡」の文字をあてるようになったが、それ以前は「評」の文字を用いた）に再編し、またそれぞれの国の区画を定めるなどのことを任務としていた。『常陸国風土記』に信太郡などの郡を置いたとあるのは、もちろん大宝律令時代の用語をさかのぼらせて用いているもので、本来は「評」を置いたということである。

高向臣、中臣幡織田連らが置いたという「我姫之道」の八国のなかには、陸奥国も含まれていると考えてよい。吾妻の八ヵ国といえば、ふつうは相模、武蔵、安房、上総、下総、常陸、上野、下野の八ヵ国であるが、安房国は奈良時代のはじめに上総国から分立した国であり、それ以前の八ヵ国には陸奥国を含めるのが正しいのである。

クニからコホリへ

国造のクニをコホリに編成替えするということは中央集権化とどのように関係するのであろうか。国造のクニをコホリに編成替えする場合には、一つのクニをそのままコホリとするケース、クニを複数のコホリに分割するケース、さらにはあるクニの一部と他のクニの一部をとって一つのコホリとするケースなどさまざまなやり方があった。しかしいずれにせよ、複数のコホリを統括する新たな地方組織として陸奥国、常陸国などの国が設けられたのである。国の長官としては、中央貴族のなかから選任された国司が朝廷から派遣され、地方に常駐して地方支配の全権を掌握することになった。国司の最重要の任務は土地、人民を個別に把握し、それにもとづいて人民に各種の税を課し、国家財政の基本に据えることであった。

それまでの国造自身、またはその一族はコホリの幹部に任命されたが、もはや彼らは国司の下僚として、土地や人民の把握作業などに協力するように義務づけられた存在にすぎなくなったのである。コホリの幹部（大宝律令以後は郡司という。以後は大宝令以前のことに限定して述べる時のほかは郡司の語を用いる）は、はじめ評造《こほりのみやつこ》または評督《こほりのかみ》と助督《すけのかみ》の二ランクであったが、大宝令の段階では大領《たいりょう》、少領《しょうりょう》、主政《しゅせい》、主帳《しゅちょう》の四ランクの幹部がおかれるようになった。国造制の時代に正副の複数の国造があったということはなさそうなので、コホリに複数の幹部が並立するようになったのも、地方豪族の勢力を削減する上で重要な施策の一つであった。

さらに神郡（重要な神社が存在する郡）など特殊なコホリは別として、一般のコホリの場合には、同じコホリ内では同じ一族の複数の人物がコホリの幹部になることも禁止されることになった。

やがて軍団制が創設されたが、軍団の幹部（大毅《たいき》、少毅《しょうき》など）には地方の有力豪族を登用した。かつての国造制の時代には国造自身が地方の兵権をも握っていたから、これも地方豪族の勢力削減につながった。さらに郡司の地位には国造の家柄であることとともに、地方豪族としての実力も考慮され、意識的に新興豪族の登用をはかる政策がとられることもしばしばあったから、国造の家柄の豪族の地位も決して安泰ではなくなったのである。

二　城柵の設置

城柵を拠点とする地域支配

新しい政権は、それまで朝廷の直接支配の外にあって国造のクニが置かれていなかった地域も直接支配地に組み込む政策をとった。しかしこの地域に対しては、国造のクニをコホリに編成替えするという方式は適用できない。そこで国造制の外の地域には城柵を設け、城柵を中心とするコホリを設定し、城柵を拠点とする地域支配を行なうことにしたのである。なお城柵は奈良時代の半ばころまでは「…柵」と呼ばれることが多く、それ以後になると「…城」の例が増加する。しかし、たとえば多賀城が多賀柵とも多賀城とも記されるように、同じものが柵とも城ともいわれることも多いので、本書では一般名としては城柵の語を用いる。

『日本書紀』には大化三（六四七）年に渟足柵《ぬたり》を置き、翌年には磐舟柵《いわふね》を置いたことが記されている。渟足柵は現在の新潟市内にあたる、当時の阿賀野川の川口にあったと推定されるが、遺跡はおそらくは海底に沈んでいるらしい。磐舟柵は、荒川が日本海に注ぐ、新潟県村上市岩船の明神山、浦田山一帯にあったらしいが遺跡地は不明である。

さらに『日本書紀』の斉明天皇四（六五八）年の条には都岐沙羅柵《つきさら》の名が見える。これまで都岐沙羅柵は、山形県と新潟県の境にある念珠《ねず》ヶ関のところにあったという説が有力であるが、この時期の日本海側の城柵は、大きな川が海に注ぐところにあるのが一般的なので、都岐沙羅柵も新潟県北部あるいは山形県庄内地方の川口付近にあった可能性もある。これらは越後国の領域に置かれた城柵である。

陸奥国の領域にも城柵があった。『日本書紀』の持統三（六八九）年の記事に優嗜曇《うきたみ》（置賜《おきたま》）郡（米沢盆地）には城《き》（柵）養蝦夷《こうのえみし》が居たということが述べられている。城（柵）養蝦夷とは城柵に所属する蝦夷ということで、城柵が設置された地域のもともとの住民が柵養蝦夷と表現されたのであり、米沢盆地に優嗜曇（置賜）柵とでもいうべき城柵があったことがわかる。また会津地方は国造のクニが置かれていなかった地域に属するから、会津地方にも城柵があった可能性を考える必要があるであろう。

陸奥国の北へのひろがり

仙台平野や大崎平野も国造のクニのない地域で、やはり七世紀後半にさかのぼる城柵があったであろう。この地域の城柵では多賀城が有名であるが、日本三古碑の一つとして名高い多賀城碑には、多賀城が神亀元（七二四）年に置かれたことが明記されている。

最近までは、多賀城ができてはじめて仙台平野にも朝廷の支配が及ぶようになったという説が有力であった。ところが近年、仙台市郡《こおりやま》山遺跡、古川市名生館《みょうだて》遺跡のような、多賀城以前にさかのぼることが確実な政府の出先の施設（おそらくは城柵）の遺跡が仙台平野や大崎平野に存在することが確認されたことから、陸奥国のひろがりは、七世紀末までには仙台平野以北までを含んでいたと考えるのが妥当であることが判明したのである。

郡山遺跡は七世紀なかばごろにさかのぼる第Ⅰ期官衙《かんが》の段階と、それより新しい第Ⅱ期官衙の段階がある。第Ⅰ期官衙は日本海側の渟足柵などに対応する太平洋側の城柵であろう。また、第Ⅱ期官衙が機能していた時期には、陸奥国から石城国《いわき》と石背国《いわせ》が分立し、陸奥国は仙台平野と大崎平野だけからなる小規模な国であったから、郡山遺跡の第Ⅱ期官衙は陸奥国が小規模であった時の、国府の役割を果たした城柵であろう。しかし神亀元（七二四）年直前に石城国・石背国は廃止され広域の陸奥国が復活され、新しい体制で東北の支配を行なうことになったので、新体制の陸奥国府の役割をになう城柵として多賀城が造営されたのであろう。

大崎平野にも多賀城創建よりも古い起源を持つ政府の出先の施設がある。古川市名生館遺跡であるが、名生館遺跡の所在地は和銅六（七一三）年に丹取郡《にとり》が置かれた地域であり、名生館遺跡は丹取郡の中心施設としての丹取柵ともいうべきものであったと考えられる。ただしこの丹取郡はその後複数の郡に分割され、遺跡の所在地は玉造郡と呼ばれるようになったため、柵の名も玉造柵と呼ばれるようになる。

このように陸奥国や越国（後には越後国）ではその領域の北半部の、かつては国造のクニが置かれていなかった地域に城柵が設けられ、城柵を中心施設としたコホリが置かれたのである。このようなコホリの住民は蝦夷系の人びとのほかに、柵戸《きのへ（さっこ）》という陸奥国、越国の南半部や関東、中部地方から導入された移民によって構成されることになった。そして城柵には責任者として中央官人が派遣され、常駐することが常態とされたのである。

三　城柵の発掘

役所としての城柵

読者の皆さんは城柵についてはどのようなイメージをお持ちであろうか。おそらくは、政府軍が蝦夷と戦うために築いた砦《とりで》だと考えておられるのではないだろうか。しかし発掘調査の結果では、城柵の役所的な色彩は無視できないのである。

戦後も昭和三〇年前後になると、古代遺跡の大規模な調査があいついで行なわれるようになった。城柵遺跡では、岩手大学の板橋源氏による徳丹《とくたん》城の調査や秋田城の昭和三四年から四年間にわたる国営発掘が初期の発掘である。多賀城の調査も昭和三六年からはじまっている。

その後文化庁では、平城宮跡クラスの大規模遺跡の調査を地方においても行なう方針をたて、大宰府や多賀城の調査が県の仕事として行なわれることになった。そして東北地方では宮城県多賀城跡調査研究所が設立され、ほどなく、多くの城柵遺跡の発掘調査がそれぞれの地方自治体によって行なわれるようになった。

著者もまた、昭和三六年に伊東信雄氏を中心とするチームによって多賀城跡の発掘調査が開始された時から多賀城跡の調査に関係しており、昭和四四年に宮城県多賀城跡調査研究所が設立された時にもそのメンバーの一人であった。当時の著者は陸奥国分寺や多賀城跡出土の瓦の研究をしており、多賀城跡や陸奥国分寺など陸奥国の官営の施設に用いられた瓦は、大きく四つのグループにわけられることに気がついていた。そしてそれは、多賀城の創建、陸奥国分寺の創建、宝亀一一（七八〇）年の伊治公呰麻呂の乱後の多賀城の復興、貞観一一（八六九）年の陸奥国大地震後の復興と結びつくものだろうとの考えに到達していた。

多賀城跡の調査の初期の段階では政庁《せいちょう》地区の調査に重点が置かれ、政庁の創建時の遺構は掘立柱建物であることが判明し、これを含めて遺構にも四期の変遷があることが明らかとなった。また多賀城の外郭線が築地《ついじ》であることや、外郭線の位置が創建当初から変化がなく、多賀城の規模が創建時から約一キロ四方で、多賀城廃寺を付属させていたことも知られた。城内各所の発掘でもその雰囲気は役所的であって、砦というイメージにはほど遠いものであった。

そして秋田城跡、胆沢城跡、志波城跡、徳丹《とくたん》城跡、城輪柵《きわのさく》遺跡、払田柵《ほったのさく》遺跡などの調査でもほぼ同様な結果が得られ、外郭線構造も築地であることが通常の姿で、材木列構造のものも、その機能は築地と区別する必要のないこともわかってきた。

このように多賀城跡の発掘調査を進めれば進めるほど、役所の跡を発掘しているという感じが強くなったために、ややもすれば、蝦夷に対するために政府側が設けた施設の調査を行なっていることを忘れそうになるほどであった。個人的なことではあるが、当時の私は、蝦夷の研究をしているはずなのに、つい眼が都のほうに向いてしまい、東北北部や北海道の状況にあまり関心を寄せることがなかったのである。

このような状況をうけて私たちは、多賀城は当初から国府として造営されたものであり、はじめは小規模な砦であってそれが拡大整備されたものということではないこと、東北の城柵は従来の見解のように軍事基地としての城砦遺跡ではなく、官衙《かんが》遺跡の一類型とすべきであると述べたのであった。

著者らの旧説は城柵の官衙的側面を強調したものであったため、城柵の軍事的面を無視しているという批判が寄せられた。それは城柵が行政的な施設であることをいいたいためではあったが、城柵には兵士が駐屯していたし、蝦夷との戦いの時に城柵が果たした役割はきわめて重要であるから、城柵の有する軍事的面を過小評価することはできないことはたしかである。

しかし、城柵が果たした役割は政府側と蝦夷との接点であって、政府側と蝦夷との接触は軍事面だけではなく、政治的、経済的、文化的などあらゆる方面にわたるものであることも事実であるから、この点を無視して軍事面だけを表にだす城柵論はやはり成立しないと考えている。

多賀城よりも古い遺跡の確認

そしてやがて、多賀城よりも古い年代の遺跡が仙台平野や大崎平野で確認されることになった。仙台市郡山遺跡、古川市名生館遺跡である。郡山遺跡のはじまりは大化の改新前後にさかのぼり、七世紀末か八世紀初頭に大きく改修され、やがて多賀城にその役目をゆずり姿を消す。

郡山遺跡は二時期の建物跡群が同じところに重複しており、古いほうの第Ⅰ期官衙は七世紀のなかばごろまでさかのぼる起源をもち、それが八世紀のはじめごろに全面的に作り直されて、第Ⅱ期官衙の段階をむかえている。そして第Ⅱ期官衙は八世紀前半のうちに廃絶している。郡山遺跡第Ⅰ期官衙は、名取柵ともいうべき太平洋側の最古段階の柵であったと考えられる。

第Ⅱ期官衙は一辺約四町（四二〇メートル）で、基準を真北に合わせた正方形に地割され、外郭線はクリ材の丸太をほとんどすき間なく立て並べた材木塀で、その外側には大溝がある。外郭線の要所には櫓《やぐら》ふうの建物があり、これまでに南西隅と西辺の南から一町二〇間（一四五メートル）のところで、それぞれ一つが確認されている。中心部には政庁があり、南面する八間五間で四面に庇《ひさし》のつく正殿などが検出されており、正殿の北側では石敷になっている部分があり、その東側に玉石組の方形の池が発見されている。また南側には一町離れて寺院がある。

名生館遺跡も七世紀末か八世紀初頭にはじまる政府側の出先の施設である。七世紀末あるいは八世紀はじめの単弁蓮華文軒丸瓦とロクロびきの重弧文軒平瓦を葺いた、四面に庇を持つ、南面する建物を中心とした政庁の存在が確認されている。仙台平野や大崎平野に政府側の出先の施設が置かれた歴史は多賀城にはじまるのではなく、大化の改新の前後にまでさかのぼって考えなければならないことが明らかとなったのである。

城柵は蝦夷と接触する窓口

城柵は政府側の出先の施設であるから、城柵には国司の一員や鎮守将軍配下の官人が責任者として派遣され、その幹部はすべて中央官人であった。律令制のもとでは国府以外の役所に中央官人が常駐することは、一般的にはないことである。

律令には諸国の国司の任務が詳細に規定されているが、陸奥、越後、出羽の三国の国司は、他国の国司がになう行政的な一般の任務のほかに饗給《きょうきゅう》（大宝令では饗給は撫慰《ぶい》とされていた）、征討、斥候という任務が与えられていた。

政府側は蝦夷の族長層に位《くらい》、称号などを与え、また鉄製品、食料などの物資を供給して、政府側の勢力を蝦夷側に浸透させようとし、そのために蝦夷と接触して儀式を行なった。これが饗給の具体的な内容である。そしてこのような形での接触が、政府側が蝦夷と接する基本的なパターンであった。斥候は蝦夷側の動静をさぐることで、饗給と斥候は軍事的な面での直接対決を伴わない。これに対して、征討は蝦夷との軍事的な接触である。

城柵の任務の一つは、蝦夷系の住民と移民系の住民が複雑にまじり合う特殊な地域を支配するための行政であったが、それとともに、城柵は中央官人が饗給、征討、斥候という任務を負って赴任し、蝦夷と接触する窓口でもあったのである。饗給は実際には城柵においてのほか、場合によっては城柵の官人が蝦夷の地域に出向いて行なわれることもあったであろう。

律令には国司の長官である守《かみ》の任務として規定されている饗給、征討、斥候は、実際には各城柵に赴任した官人が、そして後にはその任務を代行した在庁の官人によって遂行されたのである。前九年・後三年の合戦の当事者の安倍氏や清原氏は、このような立場で勢力を伸ばしたものであろう。

城柵の構造

これまで発掘調査された城柵の中心部には例外なく政庁が存在する。政庁は城柵のほぼ中央部分に位置するのが通例で、全体は築地や塀などで囲まれ、その南辺中央には南門がある。政庁の中央のやや奥まったところには南面する正殿があり、その前面は広場になっており、広場の東西には脇殿がある。正殿の後方に後殿《こうでん》などの建物がある場合もある。このような政庁の建物配置は、都での天皇即位や正月元日の儀式の場である大極殿《だいごくでん》と朝堂院《ちょうどういん》の建物配置を地方に移したものである。

一般的にはこのような建物配置を有する政庁は、地方の場合には国府に限られるが、それは、国司が地方において天皇の名代《みょうだい》として政務をとり行なう「遠《とお》の朝廷《みかど》」だからである。ところが城柵の場合には、多賀城のような国府が置かれた城柵だけではなく、地域の城柵にも政庁が存在するのが通例である。城柵は地域の城柵であっても中央官人が責任者として派遣され、国家的な威信をかけて蝦夷と接触する場だったことの反映であろう。

城柵の内部には多くの掘立柱や礎石を用いた建物がある。これらは数棟がまとまって塀などで区画されている場合も多く、城柵がさらにいくつかの部局ともいえる単位から構成されていたことを示している。倉庫風の建物がまとまって発見される例も多い。

城柵には他地域から導入された移民が配属されていた。このことを従来、たとえば約一キロメートル四方ほどの広さがある多賀城の郭内に移民を収容したのだとも考えられていた。しかし実際はそうではなく、移民は城柵を中心施設とするコホリ（郡）の所々に定着せしめられたのであって、城柵の郭内に移民の村落があったのではない。城柵の郭内から竪穴住居跡が発掘されることは一般的であるが、これは陸奥国や出羽国内からの兵士や、坂東諸国からの鎮兵《ちんぺい》の宿舎なのである。ただし、胆沢城などでは城内からの竪穴住居跡の発見例がきわめて少なく、兵士の宿舎が城外にあった場合もあるらしい。

城柵の外郭施設は柵列を巡らすものがふつうであるとも考えられていた。柵という文字からくる印象と、戦前に発見された秋田県の払田柵遺跡や山形県の城輪柵遺跡の外郭線が材木列である印象からである。

しかし外郭線の構造もかならずしも材木塀が定例であったのではない。城柵の外郭線はむしろ築地塀が通例であった。多賀城、秋田城、胆沢城、志波城という主要な城柵の外郭線はみな築地塀である。払田柵遺跡の場合さえ、内外の二重構造になっている外郭線のうち、内側のものは原則として築地塀で、ただ北門付近の一部のみが材木塀である。また郡山遺跡Ⅰ期官衙の例からすると、初期の城柵には明確な外郭施設が存在しなかったのかもしれない。

しかし一方で郡山遺跡のⅡ期官衙、払田柵遺跡の外柵、城輪柵遺跡の外郭は材木塀であり、徳丹城では大部分が材木塀であるが一部は築地塀、多賀城の場合も一部は材木塀である。多賀城の例では外郭線が低湿地にわたり、築地塀を構築しえない部分にのみ材木塀が見られる。秋田城や払田柵遺跡では、当初の築地塀が崩壊した後に材木塀に変えている。材木塀の使用は地形の都合で築地塀を作ることが困難な場合、または費用、労力などの点で築地塀の構築が無理な場合の構造物であったと考えてよさそうである。

ただし桃生城の場合は外郭線は土塁・築地・材木列などさまざまであり、伊治城の場合は北側に土塁とその外側に大規模な空濠があり、覚鱉《かくべつ》城跡の可能性もある宮城県古川市宮沢遺跡の場合は築地塀と土塁が並行して走っている。これらのような外郭線のあり方は他の城柵遺跡にくらべて異質であり、外敵の襲来を考慮しているように見える。桃生城、伊治城、覚鱉城造営の事情を見ると、軍事面に格別の配慮をしていてもおかしくはない。

城柵の外郭線上には門のほかに櫓ふうの施設があるものがある。これは郡山遺跡の第Ⅱ期官衙にすでに見られるが、多賀城の外郭線に櫓ふうの施設が設けられるのは平安時代になってかららしく、胆沢城や徳丹城にも同様のものがある。多賀城にこのような施設が設けられたのは、伊治公呰麻呂の乱の影響なのかもしれない。

なお郡山遺跡、多賀城、名生館遺跡、城生遺跡、秋田城などでは城柵に寺院が付属することが知られている。

四　阿倍比羅夫の遠征

阿倍氏とエミシとの関わり

大化直後の段階で朝廷と直接の交渉を持った蝦夷の中心は、東北地方中部の住民であった。しかし、朝廷はさらに東北北部から北海道にも関心を寄せ、この地域の住民と朝廷ともさまざまな形の接触があったのである。ここでは阿倍比羅夫《あべのひらぶ》の遠征の記事を手がかりに、より北方の蝦夷と朝廷との交渉の姿を見ることにしよう。阿倍比羅夫は中央の阿倍氏の一族のなかの引田《ひけた》という系統に属する人物であり、阿倍引田比羅夫とも記される。阿倍氏は孝元《こうげん》天皇の皇子の大彦命《おおひこのみこと》を祖先とすると伝え、『古事記』『日本書紀』などには大彦命やその子の建沼河別《たけぬなかわわけ》は東国、とくに北陸地方方面と深い関わりを持ったことが記されている。阿倍氏と「エミシ」との関わりの深さを物語る材料である。

大化の改新時には、左大臣阿倍内麻呂（倉梯《くらはし》麻呂）が阿倍氏を代表する立場にあったが、内麻呂が大化五（六四九）年に亡くなると、傍系の比羅夫が阿倍氏を代表する地位についたらしい。そして、北方遠征の時の比羅夫は越国《こしのくに》の守《かみ》という地位にあった。なお比羅夫は斉明七（六六一）年には百済救援軍の後将軍に、また天智二（六六三）年には新羅征討の後将軍に任命されており、このころに筑紫大宰帥《だざいのそち》にも任命されている。

比羅夫は北海道へ渡ったのか

さて、『日本書紀』によれば比羅夫は斉明《さいめい》四、五、六（六五八〜六六〇）年の三年間、毎年一八〇艘から二〇〇艘の大船団を率いて日本海を北上する遠征を行なっている。斉明四年四月の最初の遠征では比羅夫は一八〇艘の船を率いて北上し、齶田《あぎた》（秋田）と渟代《ぬしろ》（能代）の蝦夷が降を乞うている。

この時に齶田の蝦夷恩荷《おが》は、自分たちは官軍に抵抗するために弓矢を持っているのでなく、肉を食するが故に弓矢を持っているのだといい、その言がいつわりであれば齶田の浦の神がご存じであると誓ったという。そこで比羅夫は恩荷に小乙上《しょうおつじょう》（従八位上にあたる）の位をあたえ、渟代と津軽の二郡の郡領（大宝令における大領と少領の総称。『日本書紀』は大宝令の官名をさかのぼって用いている）を定めたという。

恩荷らが弓矢を持っていたという話は、『日本書紀』がよりどころとした史料にさかのぼって考えてみても、根拠のないことをわざわざ記したとも思われないことなので事実と見てよかろう。また恩荷らが肉を食するが故に弓矢を所持していると述べたことも一面の真実であろう。ただし弓矢は闘争の具としても効果的であるから、彼らが政府軍と戦ったり、あるいは蝦夷の集団相互の争いにも用いられた可能性は考えておいてよかろう。

なお彼らが齶田の浦の神に誓ったという点も、彼らの宗教観念がどのようなものであったかをうかがい知る史料になるであろうし、比羅夫がそれを受け入れたことも、先に述べた蝦夷との間の服属儀礼のあり方を考えに入れるならばうなずけるであろう。

この遠征で比羅夫は、有間浜に渡嶋《わたりしま》の蝦夷を集めて、大いに饗して帰ったと記されている。渡嶋の蝦夷とはおそらく北海道の住民であろう。なおこの年の七月、蝦夷二〇〇人あまりが都にのぼり、物を献上し、能代と津軽の郡領などが位を与えられている。彼らは比羅夫に伴われて都に至ったものであろう。『日本書紀』には、この年に比羅夫が粛慎《しゆくしん》を討って、都に羆二匹とその皮七〇枚をもたらしたと記されている。比羅夫の遠征の目的の一つには、このような北方の産物を入手することがあったことをうかがわせる。

斉明五年三月の遠征では、比羅夫は秋田、能代の蝦夷二四一人、その虜三一人と津軽の蝦夷一一二人、その虜四人に加えて、膽振鉏《いぶりさえ》の蝦夷二〇人をも一ヵ所に集め、大いに饗し禄を与え、さらに船一隻と五色の綵帛でその地の神を祭った。そして肉入籠《ししりこ》というところまで行った時に、問菟《とい う》の蝦夷の膽《い》鹿嶋《かしま》と菟穂名《うほな》が後方羊蹄《しりべし》を政所とすべきだというので、ここにも郡領を置いて帰った。なおこの時に『日本書紀』は「或本に云く」として阿倍引田臣比羅夫が粛慎と戦って帰り、虜四九人を献上したと記しており、戦いも行なわれたことが知られる。

この時の比羅夫の到達地とされる後方羊蹄や膽振鉏、肉入籠などの地が現在のどこに当たるかはわからないが、津軽よりも北方らしいので、北海道のいずれかの地であることはまちがいないであろう（ただし現在の後方羊蹄や胆振という地名は、この記事などをよりどころに明治になって命名されたものなので、後方羊蹄や膽振とあるから北海道ということにはならない)。

粛慎との無言貿易

斉明六年三月、比羅夫は二〇〇艘の船で三度目の遠征に出ている。この時に比羅夫は陸奥の蝦夷を自分の船に乗せ、ある大河の河口に到った。ここには渡嶋の蝦夷一〇〇〇人ほどが海の畔に集まり、河に向かって営していた。その時、営のなかから二人が現われ、突然に粛慎の船が襲ってきて自分たちを殺そうとしているので助けてほしいと急を告げた。

比羅夫は二人を呼び、粛慎の隠れているところとその船数を問うたところ、船は二十余艘だという。比羅夫は粛慎に使いを遣わして喚びよせようとしたが応じないので、布、武器、鉄などを海辺に置き、望むものを選ばせることにした。やがて二人の老人が船からあらわれて海辺の品物を確かめ、そのなかにあった布製の上着をとって着替え、それぞれ布一端を提げ、船に乗って戻っていった。しばらくして老人が再び現われ、先ほどの上着を戻し、布を置いて船に乗って戻っていった。比羅夫は再度船をやって喚びよせたが、効果はなく、粛慎は幣賂弁《へろべ》島(『日本書紀』には「渡嶋の別」という注がある)に帰った。

その後粛慎の側から交渉を求めてきたが、今度は比羅夫の側が応ぜず、ついに粛慎と戦いを交えることになり、粛慎は自分たちの柵に拠って戦った。そしてこの戦いで比羅夫の側では能登臣馬身竜《のとのおみまむたつ》が敵のために殺された。能登臣馬身竜は能登の豪族であろう。そしてなお戦いが続くなかで、粛慎は破れて自分たちの妻子を殺したという。

この一連の行動は、比羅夫側がいわゆる無言貿易による交易を相手側に求めたが、相手側が交易の品物を検討の上、結局は申し入れを断ったということである。無言貿易（silent trade）とは、上記のように貿易の当事者がまったく対面することなく行なわれるもので、かつてはさまざまな地域で行なわれていたことが『エリュトゥラー海案内記』（一世紀のエジプト商人による紅海・インド洋方面との南海貿易の実際を記した書）にも記されている。

この書によるとティス（中国雲南省）の境には毎年ベーサタイ（アッサム地方に住む）という人びとがマラバトウロンの材料となる蘆を持ってくる。ベーサタイはその国境に品物を置き一時退いた後、購買者がそれを受け取りその代償品を置いて去ると、ベーサタイが再び来てこれを受け取っていくという。そして一世紀前半のポンポニウスはセーレス（中国から中央アジアを含む地）について「彼らは正義心に富んだ民族であり、商品を人気のないところに置いて不在の間に取引するので最も聞えている」と記しており、プリニウスもセーレスについて類似の記述をしている。

そして無言貿易については、ヘロドートスがカルタゴ人とアフリカ西岸のリビュア人との取引について述べており、法顕の『仏国記』には、セイロン島（スリランカ）の住民と外来商人との取引のことで同じようなことが述べられている（この項、村川堅太郎訳注『エリュトゥラー海案内記』による）。

遠征の目的は交易か

ところで、阿倍比羅夫の遠征の目的（ということは、この段階で朝廷が阿倍比羅夫を北方に派遣した目的ということになるが）は、必ずしも軍事的に相手を圧倒することに主眼があったようには見えないのである。むしろ、政府側の優位を相手側に認めさせた上で、交易の実をあげることにも力が注がれていたように見える。そして秋田、能代、津軽方面の蝦夷との場合には事は比較的容易だったのであるが、斉明六年（六六〇）の記事で粛慎と表現された相手とは交渉はうまくゆかなかったのである。

比羅夫が立ち寄った秋田、渟代、津軽、そして粛慎と遭遇したところはいずれも大河が海に注ぐところにあった。比羅夫の船団の寄港に便利であったことももちろんであるが、同時に各地の蝦夷が舟で河をくだったり、海をわたって集結するのにも便利なところであった。

そして比羅夫と接触した蝦夷は、続縄文文化の後半段階の冷涼な気候のもとでの生活が終わりを告げ、温暖な時期に入りはじめ、ようやく定住的な生活が可能になった段階の人びとであった。それだけに、政府側との交易によって入手できる鉄製品や繊維製品などの魅力は大きかったのだろう。

ここで粛慎と表現されている人びとの正体については、北海道の「エミシ」の別派とみる説もあるが、明らかに「エミシ」とは風俗、習慣、言語などが異なるように記されていることからすれば、「エミシ」とは別系統の人たちである可能性が高く、おそらくは南サハリン方面に根拠地がある、オホーツク文化の系統に属する人びとであったと考えておきたい。オホーツク文化とは南サハリンあたりに源流がある外来の文化で、道北から道東のオホーツク海沿岸に住居跡や墓を残しているが、日本海を南下したり、北海道の内陸部にも足をのばして、続縄文文化人や擦文文化人と接触したこともあるらしい。

『日本書紀』の記述を読むと一見、比羅夫の遠征がこの時に突然に行なわれたような印象を受ける。しかしよく検討してみると、蝦夷の側にも阿倍比羅夫の側にもはじめての接触という感じがない。比羅夫の側では、遠征先でどのようなことがあるのかがあらかじめわかっていて、蝦夷を集めて饗宴し、蝦夷の有力者を「郡領」に任命し、彼らに与えるための品々、交易のための物資が用意されている。また現地での神祭りのやり方についての知識もある。

秋田、能代、津軽方面の蝦夷も、比羅夫の船団が川口に入るとどのようなことが行なわれるのかを承知して集結しているようである。比羅夫の船団のような一行は、この時ほど大規模なものではなかったにしても、おそらくは以前にも派遣されることがあり、蝦夷と接触していたのであろう。阿倍比羅夫の遠征に先立つ斉明元年七月の記事には、難波の朝廷において越《こし》と陸奥の蝦夷に対して饗宴が行なわれ、その時に津刈（津軽）の蝦夷にも位が授けられたことが述べられている。朝廷と津軽の蝦夷との間には、より早い段階から交流があったのである。

またやや後のことになるが、養老四（七二〇）年には、渡嶋津軽の津の司の諸君鞍男《もろのきみくらお》ら六人を靺鞨《まつかつ》国に派遣してその風俗を観させるということがあった。渡嶋津軽の津の司についてはほかに史料がなく、くわしいことはわからないが、北方との交流を主たる任務とした施設が津軽のあたりに置かれており、官人が配置されていて、靺鞨すなわち北アジアの住民とも接触しようとしたことがあったと考えてよいであろう。

なお阿倍比羅夫の遠征のような形での北方世界との交流は、仙台市郡山遺跡などの存在から考えれば、『日本書紀』などには記述がないが、おそらくは太平洋沿いでも行なわれていたのだろう。斉明朝に阿倍比羅夫の大規模な遠征が計画された背景には、新政権による新たな政策があったことは疑いなく、比羅夫の遠征の規模が格段に大きかったのかもしれない。しかし遠征は、大化以前からの政府側と蝦夷との交渉を受けつぐものであったと考えるべきであろう。

五　蝦夷、遣唐使とともに中国に渡る

『日本書紀』の斉明五（六五九）年の条には阿倍比羅夫の北方遠征の記事とともに、遣唐使が、蝦夷を中国に連れてゆき、蝦夷を中国の天子に謁見させたことが記されている。この時の遣唐使の一行には、伊吉連博徳《いぎのむらじはかとこ》と難波吉士男人《なにわのきしおひと》の二人が記録係として同行しており、その記録が「伊吉連博徳書」「難波吉士男人書」として、『日本書紀』に引用されているのである。

この時の遣唐使は坂合部連石布《さかいべのむらじいわしき》と津守連吉祥《つもりのむらじきさ》で、一行は二隻の船に分乗して七月三日に難波の

三津浦を出発し、九月一三日には百済の南のほとりの島に着いた。そして翌一四日の早朝に大海に出たが、一五日の日没ころに坂合部連石布の船が逆風にあって南海の爾加委《にかい》という島に漂着し、石布など大部分の人は島人に殺されてしまい、わずかに五人が島人の船を盗んで脱出して中国にたどりつき、役人によって洛陽まで送られた。

一方、津守連吉祥の船は一六日の夜半に現在の浙江省にあたる越州会稽県の須岸山に到り、二九日には高宗《こうそう》皇帝が滞在していた東京《とうけい》洛陽に到り、三〇日には高宗に対面し、「エミシ」を皇帝に御覧に入れている。ちなみに高宗は武則天（則天武后）の夫で、西安でも有数の観光地である乾陵《けんりょう》は高宗と武則天との合葬陵である。

遣唐使と高宗との問答

「伊吉連博徳書」によれば遣唐使と高宗との一問一答は次のようなものであった。

天子　「天皇は平安でいるかどうか」
遣唐使「天皇は天地の徳を合わせて平安である」
天子　「政治にあたっている貴族たちの様子はどうか」
遣唐使「天皇が憐みを持って対処するので好い状態である」
天子　「国内は平穏であるか」
遣唐使「天皇のまつりごとが天地にかなっているので万民は無事である」

天子　「蝦夷の国はいずれの方に有るか」
遣唐使「東北にある」
天子　「蝦夷は何種あるか」
遣唐使「三種ある。遠方を都加留《つがる》、次を麁蝦夷《あらえみし》といい、近いものを熟蝦夷《にぎえみし》という。今回伴ってきたのは熟蝦夷で、歳ごとに本朝に入貢してくる」
天子　「蝦夷の国には五穀があるか」
遣唐使「五穀はない。肉を食して生活している」
天子　「蝦夷の国には屋舎があるか」
遣唐使「ない。深山のなかで樹木の本に住んでいる」
このような応答の後、天子は蝦夷の身体や面貌の異様であることを喜びかつ怪しみ、遣唐使に対して、遠路の労苦をねぎらい、宿舎にさがって休むようにいったという。
なお「難波吉士男人書」には蝦夷が天子に白鹿の皮一、弓三、箭《や》八〇を献上したということが述べられている。
この一問一答は、これまでは蝦夷研究の立場からは後半部分だけが注目され、前半の部分と後半部分とを関連させて考えることは行なわれなかった。しかし一連の問答であるからには、全体を通して遣唐使は何がいいたかったのかを考えてみる必要があろう。遣唐使の主張の前半部分は、中国的な意味での天皇の徳の高さを強調しているとみることができる。後半の部分では、中国における伝統的な東夷観に一致する異族が日本の東北方にいて、それが天皇の徳の高さを慕って入貢してくることが強調されている。

これは、蝦夷の実態を説明することに目的があったのではなく、天皇は中国的な意味での徳が高く、それ故に異族の朝貢を受けるに足る十分な資格があると主張していることにほかならない。

百済滅亡の国際情勢を反映

この時の遣唐使は緊迫した国際情勢を反映し、日本の国際的な地位を高める任務があったと考えられる。それは、日本にとってほとんど唯一の同盟国であった百済が滅亡の瀬戸際に追い込まれていたからである。そして、この遣唐使が派遣された翌年の斉明六（六六〇）年には、百済は唐・新羅連合軍の攻撃を受けて滅亡している。しかし、百済の遺臣らは百済復興軍を組織し、その中心人物であった福信《ふくしん》は、日本に来ていた王子の豊《ほう》を呼び寄せて百済王とし、日本は百済救援軍を朝鮮半島に送ったが、唐・新羅軍と白村江《はくすきのえ》に戦って大敗している。天智二（六六三）年のことである。このような経過をたどって日本の同盟国百済は滅亡し、日本も朝鮮半島に対する発言権を完全に失うのである。

しかしそれまで、百済は日本を上位とする同盟関係を承認していたのであるが、日本にとってはそのような関係の存続こそが、東アジア世界での発言権を維持し、それまでもとかくぎくしゃくしがちであった新羅との関係を日本優位にもってゆくためにも、ぜひ必要であった。そして、そのためには百済の滅亡だけはなんとしても阻止しなければならないものだった。この時の遣唐使には百済の滅亡を阻止するための布石もあって、日本は新羅をも含めた朝鮮半島諸国よりも上位にあるという主張に根拠があることを中国に認めてもらうという、ひそかな目的があったのである。

そのためには、日本は唐から見れば新羅などとともに東夷の国の一つではあるが、東夷の国同士の関係ではミニ中国であり、天皇はミニ皇帝にふさわしいということを示すことが必要である。そうであるからこそ、日本は東夷の小帝国であることができ、新羅、百済などを朝貢国とする資格があるということになる。世界の中心に位置する皇帝の資格は徳が高いことであるが、その具体的なあらわれは徳を慕って来朝する夷狄の存在である。したがって、日本の主張に根拠があることの証明には、天皇の徳を慕って朝貢する夷狄を実際に示すことが必要と考えられたのであろう。

東方の夷狄としてのエミシ

かくして「エミシ」は天皇の徳を慕って朝貢する東方の夷狄と位置づけられ、中国に対してその存在をアピールされたのである。蝦夷が海を渡って唐の天子に謁見したのはこのような事情からであった。蝦夷が天子に献上したという鹿皮、弓、箭も夷狄らしさを強調する意味があったものであろう。

なお『新唐書《しんとうじょ》』には、天智朝の遣唐使が蝦夷を帯同したと記されている。それは鬚の長さは四尺ばかりであり、矢を首にはさみ、数十歩離れたところに瓠《ひさご》を載せた人を立たせて射ち、命中しないことはなかったという。『新唐書』が斉明朝と天智朝を混同している可能性もあるが、天智朝にも天智四

（六六五）年一二月には守大石《もりのおおいわ》、坂合部石積《さかいべのいわづみ》が、また天智八（六六九）年には河内鯨《かわちのくじら》が遣唐使として海を渡っており、あるいは天智朝の遣唐使も蝦夷を伴ったのかもしれない。そうであれば、『新唐書』には天智が立った明年のことと記されているので、天智の即位は天智七年正月にあたるから、蝦夷を帯同したのは天智八年の遣唐使かもしれない。

いずれにせよ、天智朝は百済救援軍が敗れ、日唐関係が緊張していた時期にあたる。そして、日本が国際的に新羅よりも上位にあるという主張は、ほとんど通用しなくなっていたと思われる。それにもかかわらず、日本はそのような主張を撤回するわけにはゆかなかったのであろう。実際にこのころから、蝦夷に対する上記のような位置づけがますます明確化して、ついには大宝律令における蝦夷の位置づけに及ぶ。これも新羅を日本に朝貢すべき国であるとの主張と深く関わることであったのである。

六　「エミシ」を「蝦夷」と記すようになること

中国では周囲の異族をその住地によって東夷《とうい》・南蛮《なんばん》・西戎《せいじゅう》・北狄《ほくてき》と呼び分けていた。ただし、たとえば東夷とされた異族にもさまざまあったから、それらを分別する必要がある時には、淮河《わいが》流域の「夷」を「淮夷《わいい》」とするように「某夷」と表現した。

ところで日本ではもともとは東日本方面の住民を、そしてやや後には朝廷の直接支配の外の住民を「エミシ」と呼び、それに漢字をあてる時には「毛人」と表記していた。ところが天皇はミニ皇帝である資格があると主張するために、天皇の徳を慕って朝貢する異族が存在することをアピールする必要がある。そこで、その異族の表記も「毛人」よりは「某夷」の形式がふさわしいとされ、「エミシ」を「蝦夷」と表記する方法が考え出されたのである。

それでは「エミシ」を「某夷」と表記するにあたって、どうして「夷」という文字の前に「蝦」を置いたのであろうか。おそらくは次のようなことであろう。「エミシ」という「夷」の意味にふさわしい漢字の表記法を考えた時に、「エミシ」を漢字一字で表記することはできないので、「エミ」という最初の二音にふさわしい漢字を模索し、「鰕」（エビ、古い音はエミ）に思いいたった。そして「鰕」と「蝦」とは通じて用いられていたから「エミ（シ）」という「夷」をあらわす表記として「蝦夷」が考え出されたのである。魚へんの「鰕」ではなく虫へんの「蝦」を用いて「蝦夷」としたのは、虫へんの「蝦」のほうが夷狄の表現にふさわしいと考えられたからであろう。こうして「エミシ」を「蝦夷」と表記する方式が成立する。そしてこの方式が平安時代の末まで続いたのである。

七　大野東人の時代

蝦夷対策での重要な役割

大野東人《おおののあづまひと》の名前をご存じの方はあまりいないかもしれないが、蝦夷と関係する東北古代史を調べてゆくと、この人物の果たした役割を無視することはできないことがわかってくる。大野東人の父は、壬申の乱の時の近江朝方の将として知られる大野果安《はたやす》である。果安は壬申の乱後の天武朝にも仕え、直広肆《じきこうし》（従五位下にあたる）・糺職大夫（後の弾正台《だんじようだい》の長官）にいたったという。東人が東北地方に登場するのは史料の上では神亀元（七二四）年で、多賀城碑には、この年に東人が多賀城を築いたと記されている。

この年にはかなり大規模な蝦夷の反乱があり、陸奥大掾《だいじよう》（国司の三等官）であった佐伯児屋麻呂《さえきのこやまろ》が殺されるという事態になったため、藤原宇合《うまかい》（藤原不比等《ふひと》の三子）が持節大将軍に任命されて陸奥の蝦夷と戦い、またこれとは別に小野牛飼《おののうしかい》が鎮狄将軍に任ぜられて、出羽方面の蝦夷と戦っている。

東人もこの年の蝦夷との戦いで重要な役割を果たしているが、彼はおそらくは神亀元年以前にすでに陸奥守、兼按察使《あぜち》（近傍の数ヵ国をまとめて、有力な国の国司に周辺の国の行政を監督させるようにしたもの、出羽国の国務も監督できる）に任命されて、東北地方の最高責任者として赴任しており、多賀城を造営して仙台市郡山遺跡の地から多賀城に陸奥国府を移したのも、東人が手がけた神亀・天平の改革の最重要事項であったのであろう。

東人が手がけたこととしては、ほかに宮城県中部の大崎平野やその周辺に色麻《しかま》柵、新田《にった》柵、牡鹿《おしか》柵など複数の城柵を造営し、それらの城柵を中心施設とする多くの郡を置いたこと、それまで山形県庄内地方にあった出羽柵を天平五（七三三）年に秋田市内に移したこと、天平九（七三七）年には秋田県を縦断して、秋田の出羽柵のところで日本海にそそぐ雄物川の中・上流地方にも城柵を築き、そこに郡を建てることを目的とした大作戦を展開したことなどがあげられる。ただし天平九年の作戦は完全には成功しなかった。

こうして大野東人は十数年にわたって東北地方に関わり続け、後までの政府の対蝦夷政策の基本を定めたのである。そして東人は天平一一年には参議《さんぎ》となって都に戻り、天平一二（七四〇）年に九州で勃発した藤原広嗣の乱の際には持節大将軍として乱の平定に尽力し、天平一三年には従三位に昇進したが、天平一四年に亡くなっている。東人の子孫には、東北と関わりを持った人物や都の内外で武人として活躍した者が多く出ている。

混乱しはじめた東北地方

東人が東北地方に赴任するまでの状況を簡単に眺めておこう。大化の改新以後、政府は、太平洋側では仙台平野・大崎平野までの地域を、日本海側では庄内平野までの地域を直接支配のもとに置くために、城柵を設置し移民を導入してきた。このような政策は、当然のことであるが、蝦夷との間に激しい摩擦をひきおこしたのである。

八世紀はじめに征夷のための将軍などが任命された例をあげてみよう。和銅二（七〇九）年三月には、陸奥と越後の二国で蝦夷の侵入があるというので、遠江、駿河、甲斐、信濃、上野、越前、越中など東日本の諸国から兵士を徴発し、陸奥鎮東将軍と征越後蝦夷将軍という二人の将軍を任命し、諸国に任じて兵器を出羽柵に運ばせ、越前、越中、越後、佐渡四国からは船一〇〇艘を送らせている。

軍事的な衝突があった期間はそう長くはなかったようであるが、政府軍の規模がかなりのものであったことは、船の数からも、動員された軍士の出身地が広い範囲にわたっていることからも知られるであろう。なおこの時の政府側の軍事行動の中心は日本海側であったらしい。

養老四（七二〇）年九月には、蝦夷が反乱して按察使の上毛野広人《かみつけののひろひと》を殺した。朝廷は持節征夷将軍と持節鎮狄将軍の二人の将軍を任命し、征夷将軍と鎮狄将軍は翌年の四月に都に帰還している。按察使が殺されるというのは容易ならざる事件とみなされたにちがいなかろう。この度も軍事行動が行なわれた期間は短かったが、その規模は決して小さくはなかったようである。そして神亀元（七二四）年三月には、東人の出番となった、海道の蝦夷が反して大掾の佐伯児屋麻呂を殺した事件が起きているのである。

このように、奈良時代はじめの東北地方に対する政策において、大化の改新以来おし進めてきた城柵を築き、移民を導入する方式が、ゆきづまりを見せはじめてきていた。大野東人の陸奥国赴任は、混乱した東北地方に対する政策を見なおさなければならない時期にあたっていたのである。

八　大崎平野とその周辺を小規模な郡に分割

大崎平野は宮城県古川市を中心とした地域である。大崎平野とその周辺には、和銅六（七一三）年に丹取《にとり》郡というかなり大きい郡が建てられ、丹取郡一つ、またはもう一つか二つの郡が置かれていた。丹取郡の中心施設は先にもふれた古川市名生館遺跡である。ところが後には大崎平野とその周辺の地域は、きわめて小規模な黒川、賀美《かみ》、色麻《しかま》、新田、小田、玉造、志田、遠田《とおだ》、牡鹿《おしか》、長岡の一〇郡に細分され、これらの郡の大部分には多賀城の出先ともいえる城柵が置かれるのである。

それらの城柵のなかの名前が知られているのが、前記の色麻柵、新田柵、牡鹿柵と玉造柵である。名生館遺跡はもともとは「丹取柵《にとり》」ともいうべき大崎平野とその周辺の地域を支配する拠点であったが、丹取郡が複数の郡に分割された時に、名生館遺跡の一帯は玉造郡となり、丹取郡という名前が消えてしまったために、「丹取柵」は玉造柵と呼ばれるようになったものらしい。

多くの城柵を設け、小規模な郡を並立させたのは、蝦夷の勢力を分断するためである。多くの城柵が設けられると、それぞれの城柵には鎮兵という、九州に送られた防人《さきもり》とよく似た性格の兵士が他地域から送られてきたし、鎮兵とは別にそれぞれの城柵の管轄下には移民も導入された。

『和名抄《わみょうしょう》』（平安時代のはじめに源順《みなもとのしたがう》によってつくられた辞書。全国の郡と郷の名前をまとめた部分がある。郷は大宝律令では里と呼ばれていたもの）によって調べてみると、大崎平野とその周辺の郡、郷の名称には、陸奥国南部や坂東諸国に由来するものがかなりある。賀美《かみ》郡の磐瀬《いわせ》郷、色麻《しかま》郡の相模郷はそれぞれ陸奥国南部の磐瀬郡と相模国に関連するものであろうし、賀美郡の郡名および小田郡の賀美郷、牡鹿郡の賀美郷も、武蔵国の加美郡に関連する可能性が高い。

志太郡の郡名および志太郡と玉造郡にある志（信）太郷は、常陸国の信太郡または駿河国の志太郡と関連するであろう。玉造郡の郡名も駿河国駿河郡、下総国匝瑳《そうさ》郡、埴生《はにゅう》郡に同じ郷名がある。さらに、黒川郡の南に接する宮城郡の多賀郷は多賀柵（城）に由来する郷名であろうが、常陸国の多珂郡との関係も考えられるかもしれない。移民が大規模に導入されたことを示しているのである。

大崎平野の一角の色麻町色麻古墳群は推定約五百基からなる円墳群で、築造年代は七世紀後半から八世紀前半にわたる。構造はほとんどが横穴式石室である。副葬品は武器類が多く装飾品は少ない。副葬されている土師器には在地のもののほかに、関東系土師器といわれる、形や作り方が関東地方の特徴を持つものが混在している。関東系土師器は色麻古墳群のほかにも大崎平野の横穴古墳からも出土する。このような関東系土師器の存在も、この地域への移民が行なわれたことを示すのであろう。

九　蝦夷の強制移住

蝦夷を東北地方から他の地域へ強制移住させたことについては、平安時代になってからの事例がよく知られている。しかしながら、蝦夷の他地域への強制移住は平安時代に限ったことではなく、古くからの伝統にしたがったもので、奈良時代以前から行なわれていた。

『続日本紀』の神亀二（七二五）年閏正月の条には、陸奥国の俘囚《ふしゅう》一四四人を伊予国に、五七八人を筑紫（九州）に、一五人を和泉監《いずみのげん》（現在の大阪府和泉市周辺）に配置したとある。俘囚を筑紫に配したというのは、大宰府に送ったということで、大宰府ではさらに五七八人を九州各地にわりふったものであろう。

正倉院にはさまざまな奈良時代の古文書が残されていることはよく知られているが、そのなかの天平一〇年（七三八）の『駿河国正税帳《しょうぜいちょう》』には、俘囚一一五人が陸奥国から摂津職《せっつしき》まで送られたことを示す記録が、また同年の『筑後国正税帳』には、やはり陸奥国から筑後国に六二人の俘囚が送られたことを示す記録が含まれている。正税帳は各国で毎年作られ、中央に送られた支出簿である。『駿河国正税帳』から読み取ることができるのは次のようなことである。陸奥国から摂津職まで送られる俘囚一一五人が天平一〇年に駿河国を通過している。俘囚一一五人が陸奥国から下野国・武蔵国をへて相模国に到ると、相模国は国内の軍団の一つである餘綾《よろぎ》団の大毅の丈部小山《はせつかべのこやま》と大住団の少毅の当麻部国勝《たいまべのくにかつ》を部領使《ぶりようし》として、俘囚を駿河国まで送った。部領使とは人や物を移動させたり運ぶことを任務とする官人で、路次の国が順に隣の国まで送りとどける場合は、国司または国の下級官人や軍団の幹部などがあたった。陸奥国から相模国までも、このようなやり方で順に送られてきたのである。

相模国から二人の部領使に送られて駿河国まで来た俘囚は、駿河国の国府で駿河国の官人にひきつがれ、駿河国は史生《しせい》（下級の国司）の岸田継手《きしだのつぐて》を部領使として従者一人をつけ、また安倍団の少毅の有度部黒背《うとべのくろせ》をも部領使として従者一人をつけて、隣の遠江国まで送らせた。こうして俘囚らは当面の目的地である摂津職までさらに送られたのである。ちなみに当時の公道は相模国から伊豆国を経由せず、足柄峠を越えて直接に駿河国につながっていた。

駿河国は俘囚らの食料を支出し、彼らは駿河国内の各郡を半日ずつ、合計三日で通過したようである。摂津職がこの時の俘囚が送られる最終の目的地であったかどうかはわからないが、おそらく摂津からさらに船で瀬戸内海を渡って九州まで行ったのであろう。

『筑後国正税帳』の俘囚に関する記載は、俘囚六二人の天平一〇年四月二六日以後の食料の稲の支出についてである。正税帳の記載が年度のはじめからの支出ではなく、四月二六日からであるので、以前から大宰府管内にいた俘囚の再配分があり、この時に六二人が筑後国に配属されたのか、この年に新たに大宰府管内に送られた俘囚のうちの六二人がこの時に筑後国に配分されたかのどちらかであろうが、後者ならば、『駿河国正税帳』の一一五人の俘囚のうちの六二人である可能性もある。

俘囚六二人のうちの四八人は年末まで食稲の支給を受けているが、他の三人は一二月三日まで、七人は一一月九日まで、四人は一一月二日までの食稲の支給が記されているだけである。他の国への再配分があったのかもしれないが、おそらくは死亡したか逃亡したのであろう。

一〇　出羽柵の北進と天平九年の作戦

大野東人の政策

大野東人が行なった種々の政策のなかには出羽国にも関連するものも少なくない。天平五（七三三）年に出羽柵を秋田村高清水岡《たかしみずのおか》に遷したことと、天平九（七三七）年に雄勝村《おがちむら》に城柵を作り移民を導入して、その地域に郡を置くための作戦を展開したことがあげられる。

出羽国の領域のうち日本海岸の部分は、はじめは越後国に属していた。それが和銅五（七一二）年に越後国出羽郡と、それまでは陸奥国に属していた最上《もがみ》、置賜《おきたま》二郡を併せて出羽国が建てられたのである。出羽国建国当時には、山形県庄内地方に出羽柵という出羽国の中心施設が置かれていたが、天平五（七三三）年に出羽柵が現在の秋田市にあたる「秋田村高清水岡」に遷された。この秋田の出羽柵が後には秋田城と呼ばれるようになるのである。

秋田城には後までも国司の次官（介《すけ》）が責任者として派遣されることが多く、出羽柵が秋田に移されたことにより、国府と秋田周辺やその北方の蝦夷への政府側の窓口となる出羽柵との役割分担が定まったのである。ただし、この段階で秋田市にいたる日本海沿岸がすべて政府の直轄支配地になったわけではなく、秋田へ遷された出羽柵はいわば飛び地のような状態で政府側に確保されていたに過ぎなかった。

しかしこのような状況のもとにある出羽柵は、きわめて不安定である。そこで東人は、秋田県と山形県の県境付近から北流して秋田市で日本海に注ぐ雄物川の中流・上流にあたる雄勝の地域を政府側の直轄支配地に組み入れて、出羽柵の安定をはかろうとし、雄勝地方に城柵を造営し、移民を導入しようとしたのである。そしてそのためには、多賀城から奥羽山脈を越えて山形県に入り、ここから北進して秋田県との県境の峠を越えて雄勝に至り、さらに雄物川沿いに秋田市に至る交通路が確保されていなければならない。

このような方策を提言したのは東人であったが、作戦を実行するためには陸奥国と出羽国だけの力では不可能であり、東人の提言を是とした政府は、藤原四卿（藤原不比等の四人の男子）の一人の藤原麻呂を持節大使として総指揮を取らせ、副使には常陸守の坂本宇頭麻佐《うずまさ》ら二名、判官四人、主典四人という大規模な陣容の首脳陣が任命された。持節大使の派遣自体がきわめて重大な作戦であったことを物語っているし、持節大使に選任されたのが従三位の位階を有する藤原四卿の一人の藤原麻呂であったことは、この作戦が格別に重視されていたことを示している。

関東からの騎兵の動員

この作戦が実施されるに先立って、大崎平野やその周辺にはいくつかの城柵が築かれ、諸柵には鎮兵などが配属されていたが、さらに作戦の遂行のために、常陸、上総、下総、武蔵、上野、下野の六国から騎兵一〇〇〇人が動員された。そして作戦は次のように進められた。まず多賀柵は藤原麻呂自身が責任者として守り、大崎平野の諸柵については持節副使以下や国司が出向いて守ることにし、騎兵一〇〇〇人のうちの八〇〇人ほどが多賀柵や諸柵に配分された。これは多賀柵や玉造ら五柵の置かれた地域が危機に直面する可能性が考えられていたことを示す。

また作戦の実施に先立って、田夷《でんい》・遠田郡領・遠田君雄人《とおだのきみおひと》を海道に、帰服の狄《てき》・和賀君計安塁《わがのきみけあるい》を山道に派遣して、それぞれの地方の住民に今回の作戦の趣旨を説明させ、動揺を防ぐということも行なっている。

遠田君雄人は遠田郡（遠田郡は大崎平野の東部に位置する）の郡領（郡司の首位を大領《たいりょう》、次位を少領《しょうりょう》といい、両者をあわせて郡領という）であるから、この地方の蝦夷系の族長であったと考えてよく、彼が遣わされた海道というのは、当時の情勢を考えに入れると、純粋に海よりの地域というよりは、大崎平野の東部から迫川《はざま》や北上川流域地方のことなのであろう。なお田夷とは農耕を行なう蝦夷という意味で、山夷すなわち山の民である蝦夷と対比させて用いられる語で、遠田郡は後まで田夷の住地として著名であった。

和賀君計安塁は岩手県和賀《わが》郡地方の族長と思われる。夷という語と区別して狄という語を用いる時は、出羽方面の蝦夷ということであるが、和賀地方は奥羽山脈をはさんで秋田県雄勝《おがち》地方と対峙する地であり、当時の状況では和賀地方はむしろ出羽国の影響下にあったのであろう。和賀君計安塁の派遣は、雄勝地方に接する和賀地方周辺地域の蝦夷の動揺に備えてのものであった。両人の派遣も、作戦が周到な計画のもとになされたことを物語っているといってよい。

「賊地」雄勝地方を確保できず

このような準備の後、天平九年、大野東人はみずから騎兵一九六人、鎮兵四九九人、陸奥国の兵五〇〇〇人、帰服した蝦夷二四九人という大部隊を率いて奥羽山脈の峠を越え、出羽国大室駅《おおむろのえき》に到った。大室駅は山形県尾花沢市東部にあてられる。ここには出羽国守の田辺難破《たなべのなにわ》が出羽国の兵五〇〇人、帰服した蝦夷一四〇人とともに待機していた。そしていよいよ「賊地」に入ったのであるが、「賊地」はまだ冬で雪が深く、馬のまぐさも得がたい状況であったので、雪が消え草が生える季節に作戦を実行することにして、東人はいったん多賀城にもどった。

後日、東人はあらためて軍を率いて「賊地」の比羅保許《ひらほこ》山まで軍を進めた。比羅保許山は、一般には雄勝峠とされているが、新野直吉氏によれば、中世以前の道は黒森と水晶森の間の有屋峠であって、比羅保許山はむしろこの付近の平鉾型の山、神室山とすべきだということである。比羅保許山から城柵を置く目的地の雄勝村までは五十余里である。東人のはじめの計画では軍を雄勝村に入れ、あるいはさらに軍を進めて出羽柵までの道を確保するつもりであったであろう。

ところが、東人が多賀城に戻っている間に雄勝村の「俘長」ら三人が出羽守の田辺難破のもとに来降し、「官軍がわれわれの村に入ってくるというが、危懼《きぐ》にたえないので、降を請いたい」と申し入れていた。これは要するに政府軍が雄勝村に強行突入するならば、抵抗するという意志表示である。

そのことは事前に東人のもとに報告されていたのだが、東人は作戦を強行するつもりだったらしい。しかし田辺難波の意見は、この度の強行突破を見送るべきだというものであった。難破の説くところは、この際は政府軍の力を誇示するにとどめ、雄勝村の住民が反政府的にならないようにしようということである。もし城を築いて移民を送ることを強行すれば、蝦夷は山野に遁走するであろうという。そして結局は東人もその意見に賛成し、総責任者である持節大使の藤原麻呂もそれを支持せざるをえなかった。

東人は、今回季節が早いにもかかわらず雄勝村に入ろうとしたのは、早く耕種して穀を蓄えようとしたためであったという。東人の率いる軍のなかには、もし予定通りに雄勝村に入ったならば、そのまま移民として雄勝村に定着するはずの人員が含まれていたのであろう。しかし、今年は例年よりも雪が深く、予定通りには事が運ばなかった。そもそも城郭を作るのは一朝にして成るかもしれないが、これを維持するには食料が必要であるのに、今回はその食料を確保する手段も消えてしまった。だから今回は兵を引くよりほかはなかろう。城郭を営造することは後年にまわすよりほかはないというのが、東人が作戦の断念を決断した理由であった。

しかし、この段階で雄勝地方を政府側に確保できなかったことは、北進した出羽柵の基盤をいちじるしく弱体化させることになった。なぜならば、このような状況では、出羽柵は海上の道でわずかにもとの出羽柵があった山形県の庄内地方と連絡されているだけで、新出羽柵のところで日本海に注ぐ雄物川の中、上流地方、すなわち雄勝地方は蝦夷の地域で、新体制の要である陸奥国の多賀柵との直接の連絡は不可能であるからである。

したがって、雄勝の地への築城と秋田の出羽柵への連絡路の開通などは、東人が中心となっておし進めてきた東北の新体制を充分に機能させるためにもぜひ必要なことであり、重要な懸案として残されることになったのである。

一　藤原朝獦の時代

多賀城碑は朝獦の記念碑

大野東人の時代に積み残した懸案に取り組み、政府側と蝦夷との関係に新しい段階をもたらしたのは藤原朝獦《あさかり》である。彼の名前は日本三古碑の一つとして知られる多賀城碑には「藤原恵美朝臣朝獦」という、古代の人名のなかでもめずらしいスタイルで残されているが、これは朝獦の父の藤原仲麻呂が光明皇后の後盾を得て急速に地位を高めてゆき、天平宝字二（七五八）年に仲麻呂が大炊王《おおいのおう》を擁立して淳仁《じゆんにん》天皇とすると、氏に恵美《えみ》の二字を加え、押勝《おしかつ》の名を賜って藤原恵美朝臣押勝と名乗ることになったことによる。

朝獦は藤原仲麻呂の三男である。彼は反仲麻呂勢力を結集して決起しようとして、失敗した橘奈良麻呂の変直後の天平宝字元年七月に陸奥守に任命されている。これは奈良麻呂の同調者とみなされていた陸奥守の佐伯全成《さえきのまたなり》を勘問するためであったようで、全成に対する勘問は、陸奥守となって赴任した直後の朝獦がみずから行なったものとされている。

しかしその後朝獦は、きわめて積極的に蝦夷政策を展開させることになる。陸奥国の桃生城《ものう》（宮城県桃生郡河北町）と出羽国の雄勝城（秋田県仙北郡仙北町、千畑《せんはた》町の払田柵遺跡か）の造営を行なったこと、鎮守府の制度を定めたこと、多賀城を大々的に改修したこと、秋田の出羽柵を秋田城と呼ぶようにしたことなどが、その主な点である。以下これらを順に説明しよう。

桃生城と雄勝城の造営については、天平宝字四年正月の条に両城の完成と、それに対する論功行賞についての勅が引かれており、朝獦は特に従四位下を授けられている。勅には雄勝城は先帝が度々詔を降して造らしめたところであったが、その事は成り難く、これまでの将軍も大いに苦しんできたところであったが、朝獦は「荒夷を教え導き、皇化に馴従《なれしたが》わしめて、一戦を労せずして造りおえた」とある。また桃生城についても、陸奥国の牡鹿郡において「大河に跨《また》がり峻嶺を凌《しの》いで桃生柵を作って賊の肝胆を奪った」とある。

実際には両城を築く計画は、朝獦が陸奥国に着任する前の、天平勝宝九（七五七）歳四月の、大炊王を皇太子とする勅のなかでも言及されており、早くからあったもののようであるが、朝獦の赴任によって一気に造営が促進されたものであろう。雄勝城と桃生城の造営にあたっては、天平宝字三（七五九）年に坂東八国および越前・能登・越後などの浮浪人二〇〇〇人を雄勝柵戸とし、また一〇〇〇人を桃生柵戸とし、その翌年には、奴二三三人、婢二七七人を雄勝柵に配して奴隷身分から解放することなどが行なわれている。

多賀城碑は、「(前略) 天平宝字六年、歳次壬寅、参議・東海東山節度使・従四位上・仁部省卿兼按察使・鎮守将軍・藤原恵美朝臣朝獦修造也」とあって、末尾に天平宝字六年一二月一日の日付を記す。碑文の趣旨は多賀城は神亀元年に大野東人が置いたもので、天平宝字六（七六二）年に朝獦が多賀城を修造したということで、主眼は朝獦の多賀城修造である。いわば、多賀城碑は、朝獦による天平宝字六年の多賀城修造の記念碑といってよい。

なお碑文中の参議は朝政に参画する職で、いわば閣僚クラス、東海・東山節度使の節度使は天平宝字五年一一月に諸道ごとに置かれた兵権を行使できる職で、『続日本紀』によると朝獦は遠江・甲斐以東の諸国を管轄していた。仁部省は民部省の当時のいい方である。なお『続日本紀』などの文献には多賀城の大改修は記されていないが、多賀城跡の発掘調査の結果ではこの時期に多賀城の大改修が行なわれたことが事実であることが確かめられている。なお朝獦は雄勝城・桃生城の造営以後は、按察使兼鎮守将軍のまま都にあって父押勝を支えることが多かったようである。

鎮守府の整備

秋田城の起源は、天平五（七三三）年に出羽柵を秋田村高清水岡に移したことにはじまる。当初には出羽柵と呼ばれていたのであるが、文献史料の上では正倉院文書（ただし現在は行方不明になっている）のなかに天平宝字四年三月一九日付の「丸部足人解《わにべのたるひとのげ》」という文書があり、そのなかに阿支太《あきた》（秋田）城という語が見えるのが初見である。おそらくこのころに出羽柵も整備され、秋田城と呼ばれるようになったのではないかと考えられる。

朝獦の時には鎮守府の機構も整えられた。鎮守府は後に坂上田村麻呂によって今日の岩手県に胆沢城が造営されると、これに移されることになるが、それまでは多賀城に置かれていたものである。鎮守府の長官は鎮守府将軍で、配下には鎮兵という兵士がおり、各城柵に配備されていた。鎮兵は防人に類似する関東地方方面からの兵士である。東北地方には、軍団制度によって陸奥国・出羽国の国内から徴発された兵士のほかに鎮兵がいたのである。

城柵に鎮兵を配属することは大野東人の時代から行なわれていた。東人が東北地方に滞在したのは天平一二（七四〇）年ころまでであるが、東人は陸奥守・按察使のほかに鎮守将軍という肩書きも保持しており、鎮兵は東人の指揮下にあったのである。東人が保持していた鎮守将軍という地位は、制度的には事件が起きた時に臨時に任命される将軍の一つとしての性格のものであり、陸奥守兼按察使であった東人が将軍を、東人の部下である国府の官人が副将軍以下を兼務する形式であった。

ただし、東人の東北滞在がきわめて長期にわたったために、その間に徐々にではあるが臨時的な要素が薄まってきていたことは推測できる。東人が東北を離れると鎮兵は大幅に削減され、かわりに軍団兵を増加させることが行なわれた。鎮守将軍主導の方式があらためられたのである。ところが、朝獦の時に鎮兵がふたたび大幅に増員されている。これはおそらく朝獦がやや中途半端な存在であった鎮守将軍の地位をあらためて、鎮守府という独自の任務を持つ役所組織を作りあげ、鎮守府将軍以下の待遇に関する規定も定めたことにともなう処置であったのだろう。

朝獦の段階ではまだ鎮守府は国府である多賀城に併置されていて、鎮守府の官人が国司と兼務することが多かった。またこのころから蝦夷との戦いがかなり恒常的になっていったために、鎮守府はどちらかといえば国府のなかの軍事担当部門という色合が強く、独自の役所という側面は強くはなかった。だが朝獦の処置によって、鎮守府が独立した役所として機能してゆく基礎が定められたといえるであろう。

このように見てくると、朝獦は大野東人の時代に積み残してあったことがらを、積極的な態度でクリアーしていったということができるであろう。ここで積極的な態度といったのは、蝦夷に対して軍事的にもより強い圧力をかけるという方向に動きだしたということでもある。大野東人がやむをえずではあったものの、雄勝地方に城柵を置くことを断念したことを想起していただきたい。これに対して朝獦は大量の移民や兵士を動員して雄勝城と桃生城を造営している。

朝獦の時代以後、坂上田村麻呂が登場して胆沢城・志波城を造営し、鎮守府を胆沢城に移すまでの期間は、大化の改新から平安時代初期までを大きく一つの段階として把握する本書の立場からいっても、明らかに大野東人の期間とは異なる時期とみることができるであろう。この時期に政府は、はじめて本格的に仙台平野・大崎平野以南の、弥生時代以降水田稲作が定着・普及し、前方後円墳などの古墳が恒常的に作られていた地域とは異なる文化伝統を有する地域を直轄支配地に組み入れるための行動を展開させたのである。朝獦以後を古代蝦夷の第三段階のなかの後半の小段階ととらえるゆえんである。

一二　伊治城の造営

仲麻呂敗死とそれ以降の情勢

天平宝字八（七六四）年九月一一日、中央政界には激震がはしった。権勢ならぶものがなかった太《たい》師《し》藤原恵美朝臣押勝のクーデター計画が露見し、押勝は近江からさらに越前に逃れようとし、官軍と激戦を交えたがついに斬られ、一八日にはその首が都に届けられたのである。押勝に擁立されていた淳仁天皇は廃され、孝謙天皇が復位して称徳《しょうとく》天皇となり、僧道鏡が大臣禅師となって、新たな権力者の地位を確実なものにした。朝獦も、父とともに斬られている。

こうして政権が仲麻呂から道鏡にうつったが、東北地方では蝦夷に対する政策に大きな変化はなく、依然として蝦夷に対する強硬な態度がつらぬかれた。しかしこのような現象は、仲麻呂も道鏡も強硬主義者だったからというだけでは必ずしもなさそうである。そこで仲麻呂の時代以後の主な事件をたどりながら、政府と蝦夷との関係や蝦夷社会内部の状況をさぐってみよう。

神護景雲元（七六七）年には、それまで政府の直接支配の及んでいなかった現在の宮城県北・築館町を中心とした地域に伊治城が造営され、その地を栗原郡とした。しかしその一三年後の宝亀一一（七八〇）年には、栗原郡の大領（首席の郡司）の伊治公呰麻呂《これはりのきみあざまろ》による東北古代史上有名な伊治公呰麻呂の乱が起きるのである。

伊治城の造営が完成したのは神護景雲元（七六七）年一〇月のことである。造営の責任者は天平宝字八（七六四）年に陸奥守となった田中多太麻呂《たなかのたたまろ》であるが、この人物は先の朝獦の時期にも陸奥守で鎮守副将軍を兼ねていたことがあるので、現地の事情に明るかったであろう。

そして、造営にあたって中心的な役割を果たした人物として特記されているのが道嶋《みちしまの》三山《みやま》で、彼はその功によって地方豪族としては異例の出世で陸奥国司の一人である陸奥少掾となり、外従五位下から特別な処置として従五位上に昇叙されている。さらに国内の神祇を司る陸奥国の国造という職にもつき、大掾に昇進し、鎮守府軍監《ぐんげん》も兼任し、神護景雲三年には陸奥員外介《いんがいのすけ》に昇進している。

道嶋氏は宮城県石巻市周辺にあたる牡鹿郡の出身であって、都の貴族ではない。それにもかかわらず三山がこのように異例ともいえる昇進を果たしたのは、他の要因もあるが、伊治城の造営がいかに重要なことととされていたかを物語るものといえよう。

山道と海道の蝦夷討伐

桃生城と雄勝城の造営は天平宝字三（七五九）年中にはほぼ終わっているが、これによって政府側と蝦夷との緊張関係はさらに高まった。宝亀元（七七〇）年八月には、蝦夷の宇漢迷公宇屈波宇《うがめのきみうくはう》が仲間を率いて賊地に逃げ還り、使を送って呼び帰そうとしても帰らず、必ず仲間とともに城柵を侵すといったということが記録されている。

そして宝亀五（七七四）年七月には、按察使兼鎮守将軍の大伴駿河麻呂らに対して「軍を発して蝦夷を討滅」するように命じる勅が発せられ、その直後には陸奥国から蝦夷が橋を焼き払い道を塞ぎ、桃生城を侵してその西郭を破り、鎮守の兵はこれを支えることができなかったという報告が寄せられたのである。あるいは先に必ず城柵を侵すといった宇屈波宇らの行動であったかもしれない。

政府は直ちに坂東八国に対し、もし陸奥国から急を告げてきたならば、国の大小にかかわらず二〇〇〇人以下五〇〇〇人以上の兵を発して、速やかに対応するようにとの勅を出している。そして一〇月には大伴駿河麻呂から、蝦夷の拠点でそれまでの歴代の諸将も未だ進討できずにいた遠山村（宮城県北部の登米《とめ》郡付近）に攻めいって蝦夷の巣穴をくつがえしたとの報告がもたらされている。現在の宮城県北部を中心に、かなり大規模な蝦夷と政府軍との戦いが行なわれたことがわかる。

宝亀七（七七六）年二月には陸奥国は軍士二万人を発して山道と海道の蝦夷を伐つことになり、出羽国に命じて軍士四〇〇〇人を発して雄勝から志波《しわ》村の賊の西辺を伐たせることにしたという。この年には三〇〇〇人の兵士が胆沢の蝦夷と戦うということもあった。山道と海道の蝦夷、志波村の蝦夷との戦いは翌年も行なわれている。山道と海道とは天平九（七三七）年の作戦の場合にも、蝦夷の動揺を防ぐために使者が派遣された地域で、山道は大崎平野の西部の山地から北上川中流地方にかけての地域、海道は大崎平野の西から西北のやや海に近い地方を意味する。

また志波村は、現在の盛岡市の南半部に相当する地域である。志波の地域の蝦夷が出羽国志波村の賊と表現されており、政府側は奥羽山脈の峠を越えた雄勝地域からその西辺を攻撃している。それは一つには、岩手県南部の胆沢地方の蝦夷が手強く、胆沢地方を越えて志波地方を攻めることができなかったためもあろうが、もう一つには古くからこの峠越えの道による岩手県側と秋田県側との交通が重要な意味を持っていたこともあげられるだろう。この道筋に現在は秋田新幹線「こまち号」が走っていることを想起していただきたい。

次に述べるように、伊治公呰麻呂が外従五位下を授けられたのは、志波村の蝦夷との戦いの功績によるものなのだが、この時には出羽国司以下戦いに功績があったもの二二六七人が褒賞を受けており、呰麻呂も出羽国経由で志波村の蝦夷と戦ったのかもしれないのである。

このように、雄勝城、桃生城、伊治城の造営は広範囲に及ぶ蝦夷たちに大きな動揺をまきおこした。政府側と蝦夷との戦いは宮城県北部から岩手県の盛岡市付近にまでひろがり、さらには秋田県方面までをも巻き込みそうな様相を呈しはじめていたのである。そして宝亀一一年になると、山道の蝦夷が長岡の地に攻めこむことも大きな問題となってきた。長岡は、現在の宮城県古川市西北部の東北自動車道の長者原サービスエリアの付近である。

このような状況に対して政府側は、新たに覚鱉《かくべつ》城を造営して、胆沢方面の蝦夷にも備えようとした。覚鱉城を造営しようとした位置は、長岡方面に蝦夷が侵入することに備えることが主であれば大崎平野の西部であろうし、胆沢の蝦夷が強く意識されているならば宮城県と岩手県の県境付近またはそれよりもやや北であろう。ただし造営の命令が出された直後に伊治公呰麻呂の乱が発生しているので、覚鱉城は完成はもちろん、本格的な造営工事が行なわれたかどうかもたしかではない。

一三　伊治公呰麻呂の乱

呰麻呂の登場

伊治公呰麻呂が文献にはじめて登場するのは『続日本紀』の宝亀九（七七八）年六月の記事である。それによると彼は、蝦夷との戦いに戦功のあったということで、それまでは蝦夷爵第二等の位であったが、外従《げ》五位下を与えられている。夷第二等というのは、蝦夷の族長に与えられる位である。また伊治公呰麻呂の公《きみ》というカバネも、同じく蝦夷の族長層に与えられるカバネであり、呰麻呂はこれ以前にすでに政府側から一定の評価を得ていたことがわかる。

次に外従五位下という位であるが、これは外位《げい》といい、外という文字がつかない位（内位）よりは低位の、主に一般の地方豪族に与えられる位であるが、政府側に貢献した蝦夷出身の豪族に与えられることもあった。このころの政府側と蝦夷との戦いは、主として岩手県の志波村方面の蝦夷との戦いが中心であったから、彼は仲間の蝦夷出身の若者からなる兵士を率いて戦いに参加し、功績があったのであろう。

そして、宝亀一一（七八〇）年三月の記事には「上治郡大領外従五位下伊治公呰麻呂反」とあり、彼が大領であったことがわかるのである。伊治公呰麻呂が大領に任命されたのが栗原郡建置の時であったか、それ以後の彼の功績によるものであるかはたしかではないが、いずれであっても、彼は伊治地方を代表する有力者で、郡設置以前から政府側に高く評価されており、おそらくは伊治城の造営や郡の設置にも貢献したと思われる。

なお伊治公呰麻呂の読み方については、ふつう「イジノキミアザマロ」とされているが、ただしくは「伊治」は「コレハル」または「コレハリ」と発音するらしい。この説は明治時代の学者で『大言海』の著者としても知られる大槻文彦氏が早くに唱えていた説であるが、多賀城跡出土の漆紙文書のなかに「此治城」と草書体で記されているものがあり、此治はコレハルまたはコレハリと読むことができるので、「此治城」とは「伊治城」のことで、「伊治城」の読みはコレハル城またはコレハリ城だという大槻説が裏づけられた。

そしてこれまでは、伊治城が置かれた地がなぜ栗原郡なのかがよくわからなかったが、コレハル、コレハリとクリハラは通じ、伊治城の地域が栗原郡とされたことの説明もつくことになった。したがって伊治公呰麻呂も「コレハリ（ル）ノキミアザマロ」と読むのが正しいのである。

乱の発端と経過

さて伊治公呰麻呂の乱のはじまりは、宝亀一一年三月に呰麻呂が俘軍を仲間に引き入れ、伊治城において、覚鱉城の造営を建議した按察使の紀広純《きのひろずみ》らを殺したことである。乱の経過は次のようであった。

宝亀一一年三月、按察使の紀広純は覚鱉城の造営を進めるために蝦夷出身者からなる俘軍を率い、呰麻呂や牡鹿郡（石巻市周辺）の大領の道嶋大楯《みちしまのおおだて》などを引き連れ伊治城に出向いた。伊治城を中心施設とする栗原郡は、もちろん呰麻呂の地盤である。呰麻呂ははじめは政府側に対して忠実であったが、何かのきっかけで内心では広純に対して二心をいだくようになっていた。しかし、その心を秘してうわべは広純につかえており、広純は呰麻呂を信用して疑わなかった。また道嶋大楯は常々呰麻呂を夷俘であるという理由で凌侮しており、呰麻呂はこれを深く怨んでいた。

そこで呰麻呂は広純と大楯が伊治城に入った好機をとらえ、広純が引き連れていた俘軍を味方に誘い入れ、まず大楯を殺し、それから衆を率いて広純を囲み、攻めて彼を殺したのである。まるでシェイクスピアのマクベスのような話である。

その後数日、反乱軍は多賀城に押しよせ、倉庫の物を持ち去り、放火した。多賀城跡の発掘調査では、政庁にとどまらずに広い範囲からこの時の焼土、焼壁や強い火熱を受けた瓦が発掘され、文献史料の記述を裏づけた。伊治公呰麻呂の乱による火災は、政庁の建物を総なめにしており、多賀城は一時まったく機能を失ったようである。

なお呰麻呂は伊治城で広純や大楯を血祭りにあげた後、いかなる理由からかはわからないが、広純の下僚にあたる介《すけ》の大伴《おおとも》真綱《まつな》を呼び、わざわざ囲みの一角を開いて彼を出し、多賀城まで護り送ったという。真綱は多賀城に帰りつくと、多賀城を反乱軍から守る手段を講ずるどころか、掾《じょう》の石川《いしかわの》浄足《きよたり》とともに逃げ去ってしまった。数日の後、多賀城に反乱軍が押しよせた時には、責任者が不在になってしまっていたのである。

乱の衝撃

朝廷は直ちに中納言の藤原継縄《つぐただ》を征東大使に任命し、副使の大伴益立《おおとものますたて》には陸奥守を兼ねさせた。また安倍家麻呂を出羽鎮狄将軍に任命し、出羽国方面の体制も整えた。乱の影響は陸奥国にとどまらずに出羽国にも及んだためである。反乱軍は優勢で、九月には征東大使が藤原継縄から藤原小黒麻呂《おぐろまろ》にかわり、一〇月には征東使に対して、戦いを避けていることを叱責する内容の勅が出された。現地では大小の戦いは継時的に行なわれたものの、大規模な作戦行動をとることはできなかったのである。

伊治公呰麻呂の乱の衝撃は大きかった。都では恵美押勝の乱の後、称徳天皇が道鏡を重用していたが、神護景雲四（七七〇）年八月に天皇が亡くなると道鏡の政権は瓦解し、天智天皇の孫にあたる白壁王が迎えられて光仁《こうにん》天皇となり、宝亀と改元されていた。しかし呰麻呂の事件により、宝亀一二年正月には、伊勢国に美しい雲が出現したとして天応《てんのう》と改元され、さらにこの年の四月には光仁天皇は皇太子に譲位し、桓武《かんむ》天皇の時代が始まった。都での改元や譲位も伊治公呰麻呂の反乱の影響によるものであった。

現地では天応元（七八一）年五月には戦果をあげることができないままに、兵士を解いてしまい、桓武天皇は指揮官の責任を追及し、大伴益立の従四位下の位階を剥奪するという処分がなされたのである。こうなるに及んで、桓武天皇はついに、本腰を入れて蝦夷の問題と取り組まなければならない状況に追いこまれたといえるであろう。

一四　坂上田村麻呂の登場

胆沢の族長阿弖流為に大敗

伊治公呰麻呂の乱以後、政府軍と蝦夷側との武力による対決はますます大規模になり、政府側は合わせて四度にわたる作戦を展開させた。そして次第に、政府に敵対する蝦夷の中心は胆沢地方であることがはっきりしてくるのである。

次回の戦いの準備は延暦五（七八六）年になって本格的にはじまり、東日本の諸国に武器や食料を準備し、延暦七年の春には、東海、東山、坂東諸国の兵士五万二千八百余人を来年三月までに多賀城に集結させるようにという命令が発せられた。そして紀古左美《きのこさみ》が征東大使に任命され、予定どおり延暦八年三月には、五万の軍が多賀城に集結してさらに奥地に分け入った。そして三月末には岩手県平泉の付近にあたる衣川《ころもがわ》付近の三ヵ所に軍営を置いている。しかしそれ以後も衣川に留まったままで胆沢に攻め入ることができず、征東将軍に対してその理由を問う勅が出されるということもあった。

そして名高い延暦八年の戦いが行なわれることになる。この戦いで政府軍は三軍のなかの二つの軍からそれぞれ二〇〇〇人を選んで渡河作戦を行ない、胆沢の蝦夷の族長の阿弖流為《あてるい》の居にせまった。蝦夷の陣営からは三〇〇人ばかりが出て政府軍を迎えうったが、やがて蝦夷軍は退却し、政府軍は戦いながら巣伏《すぶせ》村に進んで、ここでもう一つの軍と合流しようとしたところ、この軍は蝦夷軍のために拒まれて進み渡ることができなくなった。そして蝦夷側には八〇〇人ばかりの応援軍が来て防ぎ戦い、その力ははなはだ強かったため政府軍は退却し、これを蝦夷軍が追った。そしてさらに四〇〇人ばかりの別働隊が東山からあらわれて政府軍の後を絶ち、政府軍は前後に敵を受け大敗した。

政府軍では幹部を含む二五人が戦死し、矢にあたる者二四五人、川で溺死した者は一〇三六人、裸のまま泳いで逃げ帰った者が一二五七人であり、別将の出雲諸上《いずものもろかみ》、道嶋御楯《みちしまのみたて》らが残りの軍を率いてようやく軍営にたどりつくことができた。これに対して政府軍が敵に与えた損害は、一四村八〇〇戸ばかりを焼いたという。

次の作戦準備

蝦夷側の損害も決して少なくはないが、大軍を組織して攻勢に出て破れた政府側の衝撃は大きかった。征東将軍は軍を解散するほかはなく、作戦の誤りや事後の処置を叱責する勅がくだされたものの、効果はなかった。そして都に戻った征東将軍らは厳しく敗戦の責任を問われ、一同は皆承伏するほかはなかった。

この敗戦の翌年には早くも次回の作戦の準備がはじまり、やはり東日本の諸国の武器や食料を用意させることにしたが、今回は東海道は駿河国より東、東山道は信濃国より東の諸国に革の甲《よろい》二〇〇〇領を三ヵ年を限って造り終えるように命ずるなど、かなり綿密かつ長期的な準備作業であったことが特徴である。

延暦一〇（七九一）年七月にいたって征東大使の大伴弟麻呂以下の陣容が定められたが、この時に坂上田村麻呂が副使の一人に名を列ねている。そして延暦一三（七九四）年正月一日に征夷大将軍の大伴弟麻呂は節刀を賜り、いよいよ作戦が実施にうつされることになった。この時には実に一〇万の大軍が動員され、副将軍の坂上田村麻呂が実戦の指揮をとった。

ただしこの時も政府側が期待したような結果は得られず、政府側の戦果は斬首四五七、捕虜一五〇人、獲馬八五匹、焼落七五所ということだったという。蝦夷側の受けた損害も決して少なくはないであろうが、なお決定的な結果は得られなかったのである。

阿弖流為と母礼の降伏

四回目の作戦は四万の軍を動員して、延暦二〇（八〇一）年に行なわれている。ただしその準備は早く、延暦一五（七九六）年正月に坂上田村麻呂を按察使、陸奥守に任命し、一〇月には鎮守将軍をも兼ねさせる発令があったことにさかのぼり、延暦一六年一一月には田村麻呂を征夷大将軍に任命している。そして延暦二〇年一〇月には、現地における軍事行動が一応の決着を見ており、蝦夷の族長の大墓君《おおばかのきみ》阿弖流為と盤具公《いわぐのきみ》母礼《もれ》らが五百余人を率いて降るということがあった。

この結果を受けて田村麻呂は延暦二一年中に胆沢城（水沢市）を造り、翌年には志波城（盛岡市）を造って、北上川流域の主要部を政府側の手におさめた。ただし、志波城は川に近く洪水の被害を受けやすいという理由で、弘仁二（八一一）年になって別の地に移ることになった。これが徳丹城（岩手県紫波郡矢巾町《やはば》）である。実際に発掘された志波城跡は、雫石川のそばに立地し、川に近い部分は洪水に流されて遺構が失われていた。

なお政府側に降った阿弖流為、母礼の処置について坂上田村麻呂は、両名の名声を考慮すれば、両名を釈放して奥地の蝦夷にも政府側の力を示すべきだと主張したが、貴族たちは処刑すべきだと唱え、結局は延暦二一年八月に河内の杜山《もりやま》で斬られている。

政府側は当初第五回目の作戦を考えており、延暦二三（八〇四）年正月には、関東地方の諸国や陸奥国に命じて食料を陸奥国小田郡中山柵に運ばせて、征夷大将軍坂上田村麻呂以下の幹部の任命もあって、前回とほぼ同程度の規模の軍を編成することが考えられていたようである。

だが政府側にももはやこれ以上に蝦夷との戦いを続ける力はなく、延暦二四（八〇五）年一二月に、参議、右衛士督《うえじのかみ》藤原緒嗣《おつぐ》と参議、左大弁菅野真道《すがののまみち》の二人の高官が天皇の面前で、どのような政治が徳政になるかを論じあい、結局は緒嗣の「天下の苦しみの最大のもとは軍事と造作である。この二つを停めなければ人びとは安んずることができない」という主張を、天皇みずからの裁断で可とするという形をふみ、蝦夷との戦いと都の造営とを停止するという結論がくだされたのであった。そして、それからわずか三ヵ月後の延暦二五年三月には桓武天皇は亡くなっている。

たしかに桓武天皇の時代は都づくりと蝦夷との戦いにあけくれた。蝦夷との戦いについては、述べた通りであるし、都づくりについても、平城京から長岡京への遷都は天皇即位の四年めにあたる延暦三（七八四）年、長岡京から平安京への遷都が延暦一三（七九四）年であることを見れば、一目瞭然であろう。

そして実際に、平安京は明治のはじめまで都でありつづけたし、大規模な政府軍を編成して東北地方に攻め込むことも以後は行なわれなかった。したがってこの段階までに政府側が確保した盛岡市と秋田市を結ぶ線が、以後長い間にわたる政府側の直轄支配地の北の限界線となるのである。

一五　蝦夷社会の変化

八世紀のなかばごろから、宮城県北部や岩手県、秋田県地方の蝦夷社会には伊治公呰麻呂や阿弖流為に代表される族長があらわれ、彼らに率いられた蝦夷の軍は、政府側が組織した大軍と激しく衝突した。それでは、蝦夷社会はどのような経過をふまえて政府側の大軍を相手にできるほどの実力をそなえるにいたったのであろうか。

第一にあげなければならないのは、七世紀ころから気候が温暖化した結果、東北北部もそれまでの狩猟にたよる放浪的な生活の続縄文文化の時代が終わり、稲作や畑作が可能になったことである。そのために安定した集落が出現し、集団をリードする族長層が力を高めていったのである。その状況は、七世紀ごろから徐々に出現しはじめ八世紀に盛期をむかえた終末期古墳によって知ることができる。終末期古墳が多く見られるのは、宮城県北部から岩手県にかけての北上川中・上流域、岩手県北部から青森県にかけての馬淵川流域と八戸市周辺、秋田県の鹿角《かづの》盆地、そして北海道の石狩川下流であるが、他の地域にも散在する。また近年になって、岩手県の海岸部にも存在することが明らかとなった。これらの古墳群は必ずしも個々の集落ごとに作られたのではなく、後の郡に相当する程度の広さの地域に一つか二つ程度の群しか見られないようである。

終末期古墳から副葬品などとして発見されるものには装身具類、土師器、須恵器、鉄製の刀剣類、馬具、農工具、帯金具、和同開珎などがあり、それらはいずれも何らかの意味で被葬者の権威を象徴するものである。またそのほとんどが政府側との交渉によって蝦夷社会にもたらされたものである。

政府側は蝦夷の地域に勢力をひろげるために蝦夷の族長層に位を授与し、また地域の指導者層であることを承認する称号を与えた。先に述べた阿倍比羅夫の遠征時の行動、また伊治公呰麻呂、阿弖流為などの蝦夷の有力者が有位者であることや君（公）のカバネを有していたことを想起していただきたい。終末期古墳から出土する帯金具は、位を有する者が正式の場に出る時に着用する衣服の帯を飾るものであった。

政府側はその影響下に入った蝦夷の集団に対しては、農具や武器などの鉄製品、蝦夷社会では入手が困難であった繊維製品、米や酒などを供給したのである。そして族長層もまた、政府側からこれらの品物を入手して、それを住民に提供することが彼らの地位の安定・強化につながり、また他の集団に対しても優位に立つことになったから、政府側との接触はむしろ歓迎すべきことであったのである。

なお、古墳の副葬品としてもっともポピュラーなものは鉄製の刀剣類であるが、これは、族長層の権威のある部分は武器によって支えられていたことを意味しているのであろう。おそらくは蝦夷の集団間では勢力争いが激しく、武力衝突にいたることもあった。蝦夷の族長たちが政府側とのつながりを求めたのは、集団間の対立のなかで政府側の後盾があることが有形無形に有利にはたらくと考えたためであろう。

蝦夷側は鉄製品、繊維製品などの品物の入手のためには、さまざまな蝦夷の世界の特産物を用意する必要があった。だからこの時期からは政府側と蝦夷との北方交易が大いに促進されたとみることもできよう。そして交易の輪は、政府側と直接に接触し得た地域のさらに遠方にまでひろがった。政府側から提供された刀剣などは何段階かの交易をくりかえした後に、北海道のオホーツク海沿岸で栄えた大陸系の文化であるオホーツク文化人の世界にまで到達しているのである。

第五章　平安時代の蝦夷——第四段階

一　文室綿麻呂

延暦一三（七九四）年に都が京都に移され、平安時代がはじまる。桓武天皇の後をうけたのは皇子の平城《へいぜい》天皇であるがその時代は短く、大同四（八〇九）年には弟の嵯峨《さが》天皇が即位して、蔵人所《くろうどどころ》を置くなど形式的になりつつあった律令体制に手を加え、現実に合った制度づくりを行なった。この時期になると政府は再び東北地方に対して関心を強め、桓武天皇が亡くなる直前に、都づくりと蝦夷との戦いをやめるべきだとの意見を述べた藤原緒嗣を東山道観察使に任命し、陸奥出羽按察使を兼ねさせた。陸奥守以外の人物が、しかも朝廷の高官が按察使となって実際に任地に赴くのはきわめて異例のことである。

緒嗣は赴任すると胆沢城に移された鎮守府の制度を整備し、弘仁元（八一〇）年九月に陸奥出羽按察使を文室綿麻呂《ふんやのわたまろ》に譲っている。綿麻呂は弘仁二年に、陸奥国最北の郡として和賀（岩手県北上市周辺）・稗貫《ひえぬき》（花巻市周辺）・斯波《しわ》（盛岡市）の三郡を置き、ここまでが政府の直轄支配地であることを明らかにした。ただしこの三郡の名は一〇世紀はじめの『延喜式《えんぎしき》』の陸奥国の所管の郡名には見えず、『和名抄』にも見えない（ただし『延喜式』の「神名帳」には斯波郡の名がある）。

綿麻呂は弘仁二年の六月上旬を期して、陸奥出羽両国の兵二万六〇〇〇人を発して爾薩体《にさったい》、幣伊《へい》二村を征することを請い、自身が征夷将軍を兼ねたが、この年には準備はなお不充分だというので、作戦の実施は翌年六月に延期された。ところが、この間の弘仁三年の二月から三月に、出羽守の大伴《おおともの》今人《いまひと》が雪をついて勇敢な俘囚三百余人を発して爾薩体を攻撃し、六十余人を殺戮したということがあり、また、陸奥出羽両国の俘軍（俘囚で編成された軍）それぞれ一〇〇〇人で八、九月に幣伊村を伐つという計画もたてられた。

ところが、出羽の邑良志《おらしべ》閇村の降俘の吉弥侯部《きみこべの》都留岐《つるき》が次のようなことを申し出た。自分らと爾薩体の夷の伊加古《いかこ》らとは久怨の仲である。伊加古らは現在都母《つも》村に居って兵を練り衆を整えており、幣伊村の夷を誘って自分らを攻撃しようとしている。ついては兵粮をたまわることができるならば、先手をうって襲撃したい。この申し出は「賊をもって賊を伐つ」のは良策であるとして受け入れられている。

そしてこれら一連の作戦が、文室綿麻呂による本州北端まで攻め入った征夷といわれることもある行動の実態であり、実際には俘囚の軍をして岩手県北方面の爾薩体、幣伊の蝦夷を攻めた程度であって、大規模な征夷は行なわれず、岩手県北部や青森県地方を政府側の直接支配する地域としたものではなかったのである。

文室綿麻呂が行なったのは、それまでに政府側が直接支配するようになった地域の支配体制を確固たるものにする仕組みを完成させることで、弘仁三（八一二）年四月に鎮守府将軍以下の鎮守府の官員の定員を定めたり、軍制をあらためたりした点に特色が見られる。その一環として志波城は規模を縮小して移転することになり、徳丹城（岩手県紫波郡矢巾町西徳田）が築かれている。徳丹城は『日本後紀』の弘仁五（八一四）年一一月の記事が初見であり、それまでには営造が成っていたと思われる。

こうして陸奥国北部には胆沢城と徳丹城を中心とする体制ができあがると、東国諸国からの鎮兵を廃止し、諸城柵の守備はすべて軍団の兵士と、勲位を有する者を兵士に指定した健士《けんじ》に行なわせることになった。そのために軍団は、この時に存在していた名取《なとり》、玉作《たまつくり》の二団のほかに、白河、行方《なめかた》、安積《あさか》、小田の四団を設けることにし、軍団の兵士の定員は合計六〇〇〇人、健士の定員は二〇〇〇人と定めた。兵士、健士あわせて八〇〇〇人は兵士は六番に、健士は四番にわけられ、交代で都合一五〇〇人ずつが胆沢城（七〇〇人）、玉造塞《さい》（三〇〇人）、多賀城（五〇〇人）に所属することになったのである。

二　胆沢鎮守府

胆沢城に移された鎮守府は新しく政府の手中に帰した地域の支配にあたり、またそれ以北の地域の蝦夷との窓口としての役目を果たすことになった。胆沢城が置かれた岩手県下の地域はいうまでもなく陸奥国に属しており、陸奥国支配の最高の責任は陸奥守が負っていたから、鎮守府は制度上は多賀城にあった陸奥国の国府の監督下にあったといえる。しかしやがて胆沢城の鎮守府は、次第に格も高くなり、国府とは同格に近い存在とみなされるようになってゆく。こうして陸奥国は多賀城の国府と胆沢城の鎮守府という、それぞれ性格を異にする役所によって支配されるようになる。

鎮守府が国府とほぼ同格とみなされるようになったとはいうものの、それは鎮守府が国府と同じスタイルの役所であったということではない。国府と異なる鎮守府の特質としては、まず将軍以下が武官であることがあげられる。そして、一般に将軍は事件があった時に任命されるのが常態であって、鎮守府将軍のように常置の官職としての将軍はきわめて異例といわねばならないのである。したがって、鎮守府の管轄下にあった地域は、準戦時下の状況にあると見なされていたといえるであろう。

胆沢の鎮守府の成立は、陸奥国が準戦時下の胆沢鎮守府の管轄する地域と、国府支配下の地域とに分立したことを意味したのである。もちろん、陸奥国という一国のなかでのことであり、国府が胆沢の鎮守府を支える配慮があったとはいえ、近年まで政府の直接支配の外にあった蝦夷系の住民と、これまた最近の移民から成り立つ住民構成で、したがって他の地域とは異なる支配体系が必要であった鎮守府管轄下の地域と、より南の地域とは多くの点で相異があったのである。

政府の支配下に入った地域に移民が導入されることは、奈良時代あるいはそれ以前からの伝統的な方式であったが、胆沢城や志波城・徳丹城が築かれた後にはきわめて大量の移民が導入されている。文献にはその一端が記録されているが、延暦一五（七九六）年には伊治城に相模、武蔵、上総、常陸、上野、下野、出羽、越後の諸国から九〇〇〇人の民が遷置されている。この地域には、伊治公呰麻呂の乱が起きる前の神護景雲三（七六九）年にも二千五百余人の移民が導入されていたのであるが、乱によって移民の村は壊滅したと思われ、あらためて大量の移民を導入して支配体制を回復しようとはかったのであろう。

延暦二一（八〇二）年正月には、駿河、甲斐、相模、武蔵、上総、下総、常陸、信濃、上野、下野の浪人四〇〇〇人を胆沢城に配した記事がある。阿弖流為らによって指導された蝦夷勢力をようやくにして投降させた政府側は、大量の移民を導入して新秩序をうちたてようとしたのである。平安初期に源順が作った辞書『和名抄』には、全国の郡と郷の名称を列挙した部分（郡郷部）がある。これによると岩手県南地域の郷名には、胆沢郡の白河郷、下野郷、上総郷、江刺郡の信濃郷、甲斐郷のように関東地方方面や陸奥国南部の地名に由来するものがある。これらの郷名もこの時期に導入された移民に由来するものと考えられ、いかに多くの移民が導入されたかをうかがい知ることができるだろう。

三　全国に送られた蝦夷たち

三五ヵ国への強制移住

俘囚を全国に強制移住させることも、伝統的に行なわれてきたことではあるが、平安時代初期にはきわめて大規模に行なわれた。『延喜式』巻二六「主税上《しゆぜい》」には、俘囚料あるいは夷俘料が計上されている国が三五ヵ国あげられている。

それは、伊勢、遠江、駿河、甲斐、相模、武蔵、上総、下総、常陸、近江、美濃、信濃、上野、下野、越前、加賀、越中、越後、佐渡、因幡、伯耆、出雲、播磨、美作、備前、備中、讃岐、伊予、土佐、筑前、筑後、肥前、肥後、豊後、日向の三五ヵ国で、これらの国には俘囚や夷俘が住んでおり、国々は彼らに支給する食料などについて毎年予算措置を講じていたのである。『和名抄』にも上野国碓氷《うすい》郡俘囚郷、多胡《たこ》郡俘囚郷、緑野《みどの》郡俘囚郷、播磨国賀茂郡夷俘郷、美嚢《みなき》郡夷俘郷、周防国吉敷《よしき》郡俘囚郷のように各地に夷俘郷、俘囚郷の名が見えている。

ここで、諸国に移住させられた俘囚のなかから代表的な例をいくつか紹介しよう。

延暦一四（七九五）年には、俘囚の大伴部阿弖良《あてら》ら妻子親族六六人が日向国に送られた。俘囚の吉弥侯部真麻呂父子二人を殺したからである。吉弥侯部真麻呂は外従五位下の位を有していたが、この位は延暦一一（七九二）年に外虜（政府側に従っていない蝦夷）を政府側につけたということで授けられたものである。この事件は日向国に送られた大伴部阿弖良らが六六人もの人数であることからすると、単なる個人的対立による殺人事件とは考えられない。

延暦一七（七九八）年には、大宰府から管轄下にある九州の諸国に送られていた俘囚が、狩猟を業として住居が定まらず、調《ちょう》・庸《よう》を徴収しようとすれば山野に逃げてしまうので、俘囚の調庸を免除するようにしたいという申請があり、九州以外の諸国も同様にするようにとの法令が出ている。いくぶんかの誇張があるにもせよ、俘囚の行動様式のなかでは狩猟の占める割合が高かったことを知ることができる。

延暦二四（八〇五）年の史料には、播磨国（兵庫県）の夷で蝦夷爵第二等であった去返公《さるかえしのきみ》嶋子《しまこ》に浦上臣《うらがみのおみ》の姓を与えたということがある。去返公の去返は岩手県遠野市から和賀郡東和町を流れて北上川に注ぐ猿ヶ石川にその名を残しており、去返公は公のカバネと蝦夷爵を有していることからすれば、もともとはこの川の流域の族長だったのであろう。他国に送られた蝦夷の原住地などが判明する数少ない例の一つである。

嶋子がすでに蝦夷爵第二等を有していることからすると、東北において政府側からそれなりに評価される存在であったのであろう。それが播磨国に送られたのは、やがて反政府的な行動が目立つようになったからと考えられる。ただし蝦夷爵は奪われていないから、播磨国に送られた俘囚の集団のまとめ役としての役割は期待されていたのであろう。

同じ延暦二四年には、やはり播磨国に送られていた俘囚の吉弥侯部兼麻呂《きみこべのかねまろ》、吉弥侯部色雄《しこお》ら一〇人がさらに種子島に送られている。野心をあらためず、しばしば定めを破ったからだという。このように当初に送られた国からさらに別の国に送られた俘囚もあったのである。同様の例は、弘仁一一（八二〇）年に因幡国に送られていた蝦夷の吉弥侯部欠奈閇《かけなべ》ら六人が、牛馬を盗んだという理由で土佐国に移されたという史料や、弘仁一四（八二三）年に、甲斐国の賊首の吉弥侯部井出麻呂《いでまろ》ら男女一三人を伊豆国に流したという史料もある。

送られた俘囚の反乱

大同元（八〇六）年には、近江国に送られていた俘囚六百四十余人が大宰府に移されて防人とされている。防人は東国の兵士が九州に送られるものであったが、天平宝字元（七五七）年からは九州諸国の兵士一〇〇〇人が防人の任にあたることになり、延暦一四（七九五）年には壱岐・対馬を除いて防人が廃止され、延暦二三年には壱岐の防人も廃止されていたもので、俘囚を防人にあてることになったのは、防人の制度の全面的な変更であった。そして天長三（八二六）年には軍団兵士を防人とする制度そのものが崩壊し、統領と選士による在地の有力者による防備体制がとられることになったが、その後も俘囚を武力として用いることは行なわれつづけた。

弘仁五（八一四）年には、蝦夷爵一等を有していた遠胆沢公母志《とおついさわのきみもし》が外従五位下を授けられた。出雲の叛乱した俘囚の討伐に功があったからだという。遠胆沢公は胆沢地方のさらに奥まった地域の族長に与えられた名であろうが、さきに去返公嶋子について考えたと同じように、母志も東北において政府側からそれなりに評価され、また送られた先でも俘囚の集団のまとめ役が期待されていた存在であったにちがいない。

母志が送られた先が出雲またはその近傍であったかどうかはたしかではない。元慶四（八八〇）年の史料に近江国の俘囚として遠胆沢公秋雄《あきお》の名が見え、母志と秋雄は同族であろうから、母志もまた近江国に送られた可能性もあるからである。そうであれば、母志はわざわざ同族を率いて出雲まで出かけたこともありうるかもしれない。この年の出雲国の俘囚の反乱はかなりに大規模なものであったらしいが、一方でこの反乱によって妻子が被害を受けた俘囚もあったというから、出雲の俘囚の間では意見の不一致があったことがわかる。

諸国に送られた俘囚の反乱のなかでは、嘉祥元（八四八）年に上総国に送られた丸子廻毛らの反乱も大規模なもので、この時政府は上総国のほかに関東地方の五ヵ国に命じて反乱を鎮めており、五七人の俘囚が斬られたり捕らえられたりしている。また貞観一七（八七五）年にも上総国で俘囚の反乱があり、関東地方諸国の兵士が動員され、同じ年に下野国でも俘囚の反乱があった。さらに元慶七（八八三）年にも上総国市原郡の俘囚の反乱があり、兵一〇〇〇人を発して追討させるということがあった。

この時期、東北地方への大量の移民が導入されたことだけに目を向けてはならない。それと同時に大量の俘囚移配があったことにもあわせて目を向けなければならないのである。移配された人びとは、政府側にとって警戒すべき人びとだったのであろう。住民の交換ともいうべきことが行なわれ、全国各地でさまざまな動きをしているのである。

蝦夷の言語と通訳

延暦一八（七九九）年には、陸奥国新田郡の弓削部虎麻呂《ゆげべのとらまろ》とその妻らを日向国に送った。その理由は、彼らは長年「賊地」に住み、蝦夷の言語に熟達しており、しばしば蝦夷をそそのかすからだという。これは厳密にいえば蝦夷を他国に送った史料にはならないが、蝦夷の言語が和語とは異なるものであったことを示している点で興味深い。ほかに、元慶の乱の時に事態の収拾にあたった小野春風《はるかぜ》は夷語に巧みであったために効果があったといい、また蝦夷と戦う軍には通訳がいたという史料もある。

四　元慶の乱

秋田城を焼く

九世紀の後半に秋田県北部を中心に東北北部を大きくさわがせた事件が元慶《がんぎょう》の乱である。事件の経過は『三代実録』のほかに、事件の収拾にたずさわった藤原保則《やすのり》の伝記『藤原保則伝』（三善清行《みよしきよゆき》の著）にもくわしい記載があって、かなりよく知ることができる。これらの史料によってまず事件の経過を述べてみよう。

事の発端は、元慶二（八七八）年三月一五日に秋田の蝦夷、俘囚が反乱を起こし秋田城を襲い、秋田城、郡院の屋舎、城辺の民家などを焼いたことにはじまる。当時秋田城には国司の次席である介《すけ》が駐在することになっており、鎮秋田城国司といわれていた。秋田城に駐在していた国司はようやくのことで脱出し、事態を国府に報じた。出羽国府は山形県酒田市の城輪柵遺跡と呼ばれているところにあった。城輪《きのわ》は遺跡の所在地の地名である。

国府にあった出羽守藤原興世《おきよ》は朝廷に急を告げるとともに、秋田城や雄勝城所属の兵士をもって反乱の拡大を防がせ、また出羽国内の諸郡からも兵士を徴発して秋田城を攻めさせた。しかし相手側の人数のほうが多く、しかも日ごとに増加するという具合であり、そのうえ出羽国の武器類の大部分は秋田城にあり、それが城とともに焼けてしまっており、大敗を喫してしまった。このような状況なので朝廷では陸奥国に対して出羽国を応援するように命じている。

事件が起きると、出羽国の側では野代営《のしろのえい》（能代市付近に設けられた軍営であろう）に六〇〇人の兵士を派遣して守りを固めようとしたが、兵士が野代営にたどりつく途中の焼山というところで一〇〇〇人に及ぶ反乱軍の待ち伏せにあい、五〇〇人以上が殺されたり捕らえられたりしたという。ここに出てくる野代営とはどのような施設であったかはよくわからないが、この事件のための臨時の軍営ではないとすれば、以前から何らかの恒常的な政府側の施設があったのかもしれない。

朝廷はたび重なる敗戦に、陸奥、上野、下野の諸国に合計四〇〇〇人にのぼる応援の兵を出すように命じた。しかしこの間にも反乱軍の勢いはますます強く、秋田河以北の地域を自分たちの地とする要求を出すなど大いに気勢があがっている。この段階ではたびたびの合戦でも蝦夷側の勢いが強く、政府軍は苦戦を強いられ、逃散する者が相次ぎ、陸奥国から援軍を率いてやってきた陸奥大掾藤原梶《かじ》長《なが》も、山道を求めて逃げ帰ってしまった。

藤原保則の起用

このころの反乱軍の根拠地は、秋田市以北の八郎潟周辺から米代川《よねしろ》流域におよぶ広範囲な地域の、上津野《かづの》（鹿角市）、火内《ひない》（比内町・大館市）、榅淵《すぎぶち》（鷹巣町・阿仁町）、野代（能代市）、河北《かわきた》（琴丘町・山本町森岳）、腋本《わきもと》（男鹿市脇本）、方口《かたくち》（八竜町浜口）、大河《おおかわ》（五城目町・八郎潟町）、堤《つつみ》（井川町）、姉刀《あねたち》（あねと）（五城目町）、方上《かたがみ》（昭和町・天王町）、焼岡《やけおか》（秋田市金足）の一二村であった。また、津軽の蝦夷は反乱軍に味方しているかどうかははっきりしないが、もしそうであればきわめて大変なことであり、大軍をもってしても制することは不可能だろうというのが政府側の認識であった。津軽の蝦夷は多くの党に分かれており、天性勇壮であって、常に戦いを事としているからだというのである。津軽の蝦夷のこのような状況は、この時期の蝦夷社会の様相をよく伝える証言というべきであろう。

ただし、秋田城の南に接する地域にある添河《そえかわ》、覇別《はべつ》、助川《すけかわ》の三つの村のように、反乱に加わっておらず、反乱軍と戦ってさえいる蝦夷の村もあった。添河、覇別、助川の三村はそれぞれ旭川（秋田市）、

元慶の乱関係地図（新野直吉氏による）

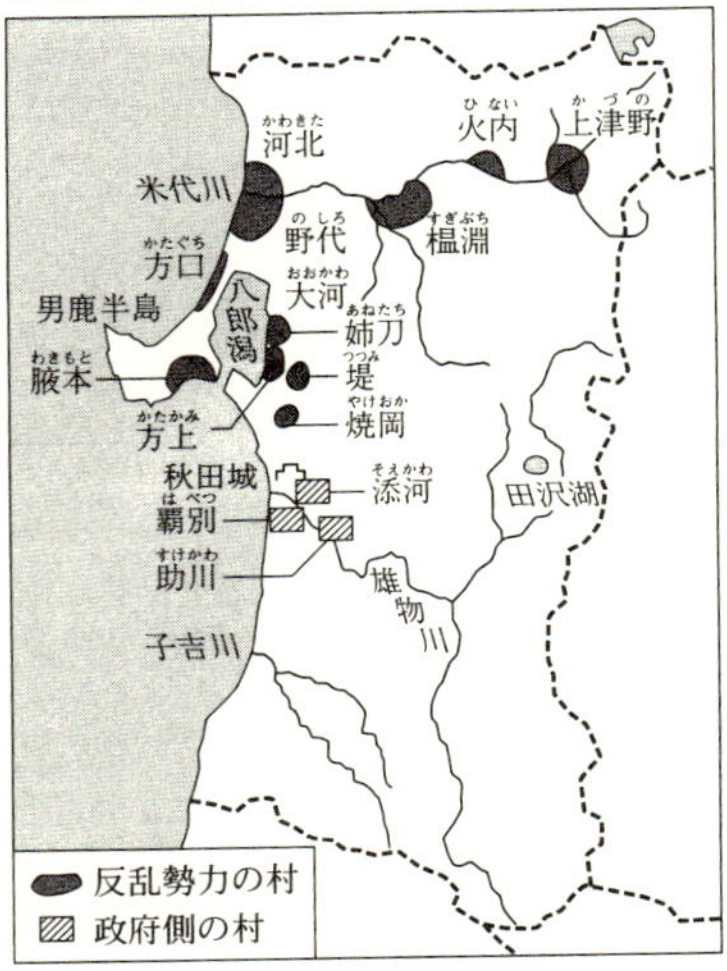

太平川（秋田市）、岩見川（河辺町）の流域であろうという。政府側は雄勝、平鹿、山本の三郡の倉庫に貯えられていた米穀を三村の俘囚にもわけ与えている。そしてこの実務にあたったのは藤原興世の子で左馬権大允（左馬寮の三等官）だった藤原滋実《しげざね》であった。

政府側は事件解決のために当時有能な地方官として名のあった藤原保則を起用した。保則はこの時には右中弁（太政官の事務機構をになった右弁官局の幹部）であったが、先には備前国、備後国の国司として善政を行ない、良吏のほまれの高かった人物である。ただし保則はそれまで東北と関係ある職にあったこともなく、また武ともほとんど関係のない人物であった。『藤原保則伝』には、摂政の藤原基経から乱を収拾する役を仰せつかった際に、一度はこのような理由をあげて断ったという。保則は出羽権守に任じられ、権掾に任じられた清原令《これ》望《もち》、権大目に任じられた茨田貞額《まんだのさだぬか》とともに任地に向かい、六月末には現地に到着したようである。

保則は反乱軍に対して国司の非を認め、苛政を行なわないという線で、戦いを拡大させずに反乱を収める手段をさぐった。保則は自分の片腕として都から伴ってきた鎮守将軍の小野春風に命じて交渉を行なわせ、春風は遠く上津野《かづの》のほうまで出かけている。春風は父石雄《いわお》も陸奥国の官人であったから、蝦夷の言葉を話すことができ、これは交渉に大変に効果があった。

このようにして事態は次第に解決に向かいはじめ、七月から八月にかけて政府側に降を求める者が続出し、一〇月には三百余人の蝦夷が秋田城下にやってきて降を請うている。そしてこの時には、権掾文室有房《ふんやのありふさ》と藤原滋実が単身で賊のもとに赴きその降を聞き届けている。こうしてこの年の末までに事件は収まったのであった。

五　蝦夷との交易

元慶の乱の基本的な性格が地方の役人の苛政に由来するとの見方は、政府側にも蝦夷側にもあったようである。事件のころ、秋田城は政府が直接支配していた北限の地であった。しかし反乱軍の主体は秋田より北の、直接には政府の支配の外の地域の人びとであった。このような地域に対して、地方官はどのような関わりがあったのであろうか。

菅原道真《すがわらのみちざね》の『菅家後集《かんけこうしゅう》』に収められた「哭奥州藤使君《こくおうしゅうとうしくん》」という詩は、延喜元（九〇一）年に没した陸奥守の藤原滋実の死を悼んだものであるが、それには、下僚には財貨にいやしい者が多く、彼らは蝦夷との交易によって金、皮衣、鷹、馬などを入手し、それらを都に持ち帰って贈物とし、さらに有利な官を得ようとしていること、また蝦夷との交易はうまくいけば利益が莫大であるが、交易におけるトラブルがもとで変乱がおこると述べられている。なお藤原滋実の父は元慶の乱の時の出羽守藤原興世であり、当時滋実は父にしたがって出羽国におり、さまざまな形で事件に関わっている。

蝦夷との交易には国家自体も大きく関わっていた。陸奥国や出羽国が都に貢上すべき品目を見ると、鹿の尾、熊の膏、昆布、砂金、薬草があり、『延喜式』では交易雑物《こうえきざつぶつ》として陸奥国は葦鹿皮、独犴《どつかん》（山犬のような獣）皮、砂金、昆布、索昆布、細昆布が、出羽国は熊皮、葦鹿皮、独犴皮があげられている。

秋田城や胆沢城の任務のなかには、交易によって北方の産物を入手することがあったのであるが、実際にそれらの任務にあたる官人は、ある場合には王臣家と結託し、また自己の利益のために、蝦夷に対して不公正な交易を強要したのであろう。しかしながら、蝦夷の側でも交易によって入手するさまざまな鉄製品、繊維製品、米、酒、塩などは、必要欠くべからざるものであった。

元慶の乱の中心となった勢力は政府側の直接支配の外にあった秋田県北部の蝦夷であるにもかかわらず、彼らが地方官の苛政を訴え、政府側もこれを認めたのは、蝦夷社会に対する政府側の影響力が無視できないほど強かったことを示すものであろう。事件の解決が年内になされたのは、生活のかなりの部分が政府側に頼らざるをえなくなっていた蝦夷側の事情もあったのである。

そして政府側と蝦夷との交易の輪は、北海道にまで及んでいた。延暦二一（八〇二）年には渡嶋《わたりしま》の狄が来朝して種々の皮を貢ずる時に、出羽国司は王臣諸家が競って好い皮を買い、悪いものを官に進めることを見逃してはならないという法令が出されている。渡嶋の狄とは北海道の蝦夷のことで、陸奥側の蝦夷と出羽側の蝦夷を区別する場合には、出羽側の蝦夷は狄と呼称されたのである。北海道の蝦夷が皮革を交易品として、政府側からさまざまな品物を入手しようとしていたことが知られる。

六　蝦夷社会の武力抗争

この時期からは奥地の蝦夷の集団間の武力抗争が激しくなり、この現象は北海道の一部までも巻き込むようになっている。これは交易の輪がますますひろがり、北海道にまでも及ぶようになったことと無関係ではないであろう。斉衡《さいこう》二（八五五）年には、陸奥国の奥地の俘囚が敵味方刃を交え同種を殺傷しているという報告があって、陸奥国は警備を厳重にする必要があるので援兵二〇〇〇人を発したいとの許可を求めた。貞観一七（八七五）年には渡嶋の荒狄が叛き、水軍八〇艘で秋田郡と飽海《あくみ》郡の百姓二一人を殺したと報じ、出羽の国司にこれを討つようにとの命令がくだされた。

元慶五（八八一）年には、元慶の乱で政府側に味方した俘囚などや渡嶋の狄に対して饗宴を行なった。乱が激しくなる過程で、政府側は秋田の蝦夷に応援して立ち上がる可能性があった津軽の蝦夷を牽制するために、北海道の蝦夷を味方に引き入れようとしたのであろう。寛平五（八九三）年には、出羽国は渡嶋の狄と奥地の俘囚とが戦闘をしようとしていると報告し、城塞を警固し兵士の訓練を行なっている。

元慶の乱以後、前九年の合戦までのことは、史料が極端に少ないこともあってくわしい様子はわからない。断片的な記録からうかがうことができるできごととしては、元慶六（八八二）年に陸奥国で事件があり、延喜三（九〇三）年にも、陸奥、出羽の両国からそれぞれ日をおかずに急使がおくられるということがあった。また天慶《てんぎょう》二（九三九）年に出羽国でかなり大規模な俘囚の反乱があり、秋田城の軍と合戦し、また官の倉から稲を掠め取ったということもあり、都に再三にわたって急報が寄せられている。

天暦元（九四七）年二月には、鎮守府将軍の使者ら一三人が狄《えぞ》の坂丸らのために撃ち殺されるという事件があった。鎮守府将軍は朝廷に軍士を徴発し、兵糧を運搬して坂丸を討滅しようと提案し、朝廷ではまず陸奥国の使者を賊地に派遣して賊を勘糾しようということになって、そのような命令が現地に発せられたことがあった。しかし、この事件のその後の経過は知られていない。

平安末期の蝦夷社会は対立を激化させ、また分裂をくりかえしている。蝦夷社会がますます交易による物資の移入を必要とするようになったため、交易のための有利な条件をめぐる争いが激しくなったことが大きな原因であろう。王朝国家の時代に入り、鎮守府将軍や秋田《あきた》城介《じようのすけ》などの官職を軍事貴族が独占するようになり、彼らは軍事行動の成功と交易による利益を求めて、蝦夷社会に介入したことも大きかった。これが東北北部や道南に高地性《こうちせい》集落や環濠《かんごう》集落が出現する背景であった。前九年の合戦や後三年の合戦もこのような状況のなかで勃発したのである。

七　防御性集落の出現

東北北部の環濠集落と高地性集落

日本史上で環濠集落とか高地性集落といえば、西日本から東日本の一部に及ぶ地域に弥生を中心とする時期に出現するというのが常識である。環濠集落の代表的なものは佐賀県吉野ヶ里《よしのり》遺跡や大阪府の池上《いけがみ》・四ツ池遺跡であろうし、高地性集落では香川県紫雲出山《しうでやま》遺跡や芦屋市会下山《えげのやま》遺跡などが有名である。

この地域の弥生時代は常時戦いが起こりうる緊張した社会状況のもとにあった。そこで敵の攻撃から集落を守るために環濠や土塁、櫓などを設ける防御された集落、そして低地の親集落とは別に、敵の攻撃を見張ったり身を隠したり、あるいはいざという時に逃げ込むための、高地に営まれた集落が必要とされたのである。

東北北部においては平安時代の中ごろ過ぎに、堀をめぐらした環濠集落や標高数百メートルの山上に立地する高地性集落など、敵の攻撃に備えた集落が出現し、その分布はさらに北海道の一部にも及んでいる。

ただし、このような遺跡は開発が及ぶこともない山中の交通不便なところにある例が多いために、発掘調査が行なわれた例もきわめて少ない。この種の遺跡に関する情報量も些少であって、一般的にはこの種の遺跡の存在そのものが、学会の認知を受けているとはいいがたい状況にある。しかしこの種の遺跡の年代、規模、構造などを明らかにすることが、古代蝦夷の社会の謎にせまる有効な手段だろうと考え、著者はかねてこの種の遺跡に関心を持ち、自身でもこの種の遺跡の一つのタイプである高地性集落の発掘調査を実施してきた。

北海道のチャシとの関連

ここでも若干自分のことを語らせていただきたい。北海道を歩いていると、多くのところでアイヌ民族の砦とされているチャシに出会う。チャシには海、湖沼、河川などに面した台地の突端（丘先《きゅうせん》式）にあるもの、丘陵や山の頂上部（丘頂式）のもの、湿原のなかの島状のところに立地するもの（孤島式）、川・海・湖、湿原などに面する急斜面の崖の上に作られるもの（面崖《めんがい》式）などにわけられている。そしてチャシは側面の一部または周囲、時には背面に一〜数条の堀があるものが多い。

何度か北海道を歩いて、チャシについてこのような一通りの知識を身につけることができたのであるが、たまたま秋田県鹿角市の太田谷地館《おおたやちだて》遺跡の調査現場を見学させていただき、平地に突き出す丘陵の基部を壕で切断した姿に接し、これが北海道ならばチャシそのものだと直感した。このような遺跡こそが東北と北海道をつなぐ、別の言い方をすれば蝦夷とアイヌをつなぐキーになるかもしれないと思ったのである。この時に遺跡の斜面にいたカモシカが印象深かったのを覚えている。
このようなことから東北北部の防御性の高い集落の発掘調査を思いたったのであるが、やがて防御性集落のひろがりは少なくとも道南地方に及ぶことが知られてきた。そしてこれもたまたまなのであるが、北海道を歩いていた折に乙部《おとべ》町小茂内遺跡の調査現場を見学する幸運にめぐまれた。そしてこれは防御性集落であるとともに、チャシといってもよいのではないかと感じた。この項の末尾に記す東北北部の防御性集落とチャシとの間に何らかの関連があるのではないかという発想は、こうして生まれた考えである。

東北北部から北海道に存在する
防御性集落遺跡

防御性集落のさまざまなタイプ

北日本の防御性集落にもさまざまなタイプがある。第一のタイプは、台地上の相当に大規模な集落の周囲に環濠、または環濠と土塁、柵列などをめぐらすものである（青森県浪岡町高屋敷館遺跡）が、急峻な崖になっている部分には環濠を設けないものもある。このタイプは弥生時代の環濠集落とも対比できるものであろう。このタイプは津軽平野に多いらしい。元慶の乱の記事には、津軽の蝦夷は多くの党にわかれており、常に戦いを事とするとあるが、津軽にこのような集落が多いのは、このような状況が反映しているのであろう。

第二のタイプは、海や湖沼、または盆地に突出する岬状地形の先端部に立地するもので、岬状になっている部分の基部または先端部を除く三方が濠で断ち切られていたりする。濠の外にも竪穴がひろがっていることが多い。青森県東部や秋田県の米代川上流の鹿角盆地（鹿角市太田谷地館遺跡）などに見られる。集落の規模はあまり大きくはない。北海道乙部町小茂内遺跡は擦文期の遺跡であるが、このタイプに類似している。

第三のタイプは、周囲が崖になっていて平地との比高差が数十メートル程度の高地に立地し、集落の主要部が壕で囲まれているものもある（八戸市風張《かぜはり》Ⅰ遺跡）。青森県東部の海岸からやや内陸に入った地域に多い。集落の規模はあまり大きくはない。

第四のタイプが高地性集落である。著者らが継続的に発掘調査を行なっている岩手県岩手郡西根町の暮坪《くれつぼ》遺跡、暮坪Ⅱ遺跡、子飼沢山《こがいざわやま》遺跡の状況をご紹介しよう。この一帯は、三方が岩手山や七時雨《ななしぐれ》山など標高一五〇〇から二〇〇〇メートルの山々に囲まれており、桜の開花は五月の連休過ぎ、一一月の勤労感謝の日前後には初雪をみる高原地帯である。暮坪遺跡と暮坪Ⅱ遺跡は深い谷をはさんだ対岸に位置し、暮坪遺跡・暮坪Ⅱ遺跡と子飼沢山遺跡は直線距離にすると四キロ程度しか離れていないが山々が重なりあっているために、簡単に往来はできない。

大小あった竪穴住居

これらの遺跡は山の頂上部の平坦面などに立地し、まわりは深い谷で囲まれていて容易に人の近づきがたい様相を呈する上に、暮坪遺跡、子飼沢山遺跡の場合では、集落の主要部は斜面を人工的に切り落とし、その裾の部分を堀としており、敵の攻撃に備えて防御性を高くしている。住居には石組のカマドがあるが、その石材は強い火熱を受けており、さわるとボロボロになるほどで、居住が一時的ではなかったことを示している。

以上のような東北北部と道南地方の環濠集落や高地性集落の年代は、出土する土器の形や作り方などから判断すると、おおむね一〇世紀後半の限定された時期のものである。ただし環濠集落の代表である高屋敷館遺跡の場合は、一〇世紀後半を中心とするものの、やや長期にわたって集落が継続していたようである。そして一〇世紀後半を中心とする時期には、低地に立地する大規模な集落は、皆無ではないにせよきわめて少ないようである。この時期には、東北北部から道南地方にかけての広範な地域に、時を同じくして防御性の高い集落が出現したことがわかる。

なお、この時期の蝦夷社会の構造を考える上で参考になるのは、竪穴住居に大小の差があることである。子飼沢山遺跡や暮坪遺跡の例が典型的で、子飼沢山遺跡の場合は四軒、暮坪遺跡の場合は二軒の大型の住居と多数の中型、小型の住居からなっている。そして暮坪遺跡の場合は大型の住居のみに床面にコの字状に敷板がある。

両遺跡とも、大型の住居が存在する場所は集落のなかのもっとも条件のよい所で、暮坪遺跡の場合は、あたかも大型住居を守るかのように、大型住居の存在する部分を囲んで堀が二重に設けられている。また子飼沢山遺跡の場合では、鉄製品は圧倒的に大型住居に集中している。大型住居は集落の指導的人物の住まいであろう。

火災の原因は闘争か

子飼沢山遺跡や暮坪遺跡では、ほとんどの住居は火災で焼失している。焼失家屋は遺物が多いのがふつうであるが、両遺跡の場合にはどの住居でも遺物がきわめて少なく、カマドの煙道に利用されたり、あるいはカマドの周辺に散在している土師器の甕の破片が主要な遺物で、完形品はまったくといってよいほど存在しない。主要な道具は焼失前に運び出されたのであろう。子飼沢山遺跡での鉄製品も、運び残しと見られる。

火災の原因は、敵の来襲前に集落の住民がみずから火を放ち、敵が侵入しても住居を利用できないようにしたか、または敵によって火を放たれたことであるが、この場合は、敵の来襲を察知してあらかじめ道具を持ち出して避難したということになる。いずれにしても火災の原因は闘争にあったであろう。

なお、暮坪遺跡・暮坪Ⅱ遺跡、子飼沢山遺跡のように比較的近距離にある複数の高地性集落は、土器から見ると同じ特徴を有するが、同じ土器が作られている年代の幅のなかでの問題としては、同時に存在したのか、それとも転々と移動した結果なのかは現段階では明らかではなく、謎のままである。

子飼沢山遺跡では、運び残しかもしれないが鎌、斧、刀子、紡錘車、鉄素材と考えられる鉄板などが発見された。これらの鉄製品は、おそらく政府側から入手したものであろう。また子飼沢山遺跡からは、耳皿《みみざら》という公式の宴会で箸置皿として用いられる土器も出土した。耳皿は城柵、官衙関係の遺跡からの出土例は多いが、集落遺跡からの出土は稀である。そして耳皿の用途からしても、子飼沢山遺跡の住人が日常的に耳皿を用いていたとは考えられない。この耳皿は、おそらくは子飼沢山遺跡の住人によって製作されたものではなく、城柵・官衙などから招来されたものであろう。これらの点は、少なくとも子飼沢山遺跡の住民は政府側と深い関係を有していたのではないかと考える根拠になろう。

また、子飼沢山遺跡では、フイゴの口が住居のカマドに甕《かめ》をかけるための支柱に転用されており、暮坪Ⅱ遺跡からは、鉄をルツボに入れて溶かしたことを示すルツボの形をした鉄滓が発見されている。鉄製品を加工する技術を持っていたことも知られたが、この技術ももともとは政府側から伝えられたものであろう。

防御に意を用いた集落の出現ということになると、政府軍の攻撃に備えたものではないかとも考えられるであろうが、このような集落の分布が広範囲かつ山間部にまで及んでいること、政府側が大軍を編成して東北に攻め込むという事態は九世紀初頭で終わっており、またそのような軍が東北北部から北海道の一部にまで侵入したという事態もなかったことなどを考慮すると、その可能性は低い。蝦夷社会において集団間の対立抗争が激化し、武力衝突も稀ではない社会情勢の到来を背景としていると考えるべきであろう。

ただし王朝国家の時代に入り、鎮守府将軍や秋田城介などの官職が軍事貴族のあこがれの的になり、彼らは軍事的な功名と交易による利益を求めて、蝦夷社会に介入したことも大きかった。集団間の対立にこういう形で政府側が介入し、対立する集団の一方に加担すれば、政府側に属した集団が官軍とみなされたし、集団間の対立抗争が激化した要因のなかに、このような形での政府側の介入があったことはたしかであろう。

八　前九年の合戦

合戦のはじまり

前九年の合戦については、ふつうは蝦夷の族長である安倍氏がそむいたので、朝廷が源頼義《よりよし》に命じてこれを討伐させた事件であるとみなされている。このようなとらえ方がどの程度に正しいものであるかを検討してみよう。

前九年の合戦の経過をつたえる史料は『陸奥話記《むつわき》』である。『陸奥話記』は最古の軍記物語の一つともいわれているが、その内容は歴史性が高い。事件は大きくとらえると、永承《えいしょう》六（一〇五一）年から康平《こうへい》五（一〇六二）年までの一二年間のできごとであり、当時は奥州一二年合戦と言われていた。ところが後に、一二年間の合戦とは後三年の合戦を含めての数字と考えられるようになって、一二年から三年を差し引いての九年間の合戦ということで、後三年に対して前九年という名が起こったものだという。

事件の発端時、安倍氏の当主は安倍頼良《あべよりよし》（はじめ頼良、後に頼時《よりとき》と改名）である。その勢力が奥六郡（胆沢、江刺、和賀、稗貫《ひえぬき》、紫波、岩手の六郡の総称。衣川《ころもがわ》以北で盛岡市以南にあたる。衣川は平泉中尊寺のある山の北側を流れて北上川に合流している河川）からさらに衣川の外まで及ぶようになったため、陸奥守の藤原登任《のりとう》は、出羽の秋田城介の平重成《しげなり》とともに永承六年、頼良を攻めたが、鬼切部（鬼功部《おにこうべ》の誤りで宮城県鬼首《おにこうべ》）において大敗した。ここでは安倍氏の勢力が衣川を越えたことが問題とされており、奥六郡の範囲におさまっていた段階では、とくに問題とされていない。

朝廷では源頼義を陸奥守に任じ、安倍氏を討たせることにした。頼義の父頼信《よりのぶ》は平忠常《ただつね》の乱（上総介であった忠常が長元元〔一〇二八〕年に起こした反乱）を平定して関東地方の武士を配下に収めていたので、その軍事力を利用しようとしたのであろう。頼義も源氏の勢力を東北にも伸ばす好機として勇躍赴任した。ところが、都で藤原道長の娘の上東門院《じょうとうもんいん》が重病になり、病気平癒のために全国に大赦が行なわれ、安倍頼良の罪も許された。頼良は喜んで、名が頼義と同音であることをはばかり頼時と改名し、頼義に仕えたという。この時に頼時は、あるいは頼義と主従の関係を取り結んだのかもしれない。

開かれた戦端

源頼義は特段の功績をあげることができないままに陸奥守の任期が終わることになり、天喜《てんぎ》元（一〇五三）年に鎮守府将軍としての務めを果たすために鎮守府に赴き、頼時は首を傾けて頼義に仕えた。おそらく頼時は鎮守府の在庁官人として、公的にも頼義に仕えるべき立場にあったのであろう。安倍氏側の最重要な拠点の一つであった鳥海柵《とのみのさく》（岩手県金ヶ崎町）と鎮守府が置かれた胆沢城とは指呼の間にある。安倍氏の権力の相当の部分が鎮守府と関わっていたことを示すものであろう。

鎮守府から国府への帰途に、頼義の部下の権守《ごんのかみ》・藤原説貞《ときさだ》の子の光貞・元貞の営が何者かの襲撃を受けたということを語る者があり、頼義は光貞に嫌疑人を問うたところ、光貞は頼時の息子の貞任《さだとう》が説貞の娘との結婚を望み、これを断ったことを貞任が根に持っているはずで、ほかに心当たりはないと答えた。そこで頼義は、その真偽を糺すこともないままに安倍氏と戦端をひらいた。任期が終わる前に是非とも戦いをはじめる必要を感じていたのであろう。安倍氏は衣川の関を閉じてはげしく抵抗し、頼義の陣営に属していた安倍頼時の女婿の藤原経清《つねきよ》が安倍氏側に身を投じて活躍するという事態も起こっている。

経清は後に平泉藤原三代の初代となる清衡《きよひら》の実父である。経清は永承二（一〇四七）年から三年に至る、興福寺の造営・供養に関する記録（『造興福寺記』）に陸奥国にあることが明記されており、京都の藤原氏の一員であることが明らかな人物である。経清は亘理《わたりの》権《ごんの》太夫《たいふ》とも呼ばれており、陸奥権守であった前歴があり、亘理郡に領地を有していたと考えられる。頼義の陣営には、経清と同じく頼時の女婿である平永衡《ながひら》（伊具《いぐの》十郎《じゅうろう》の名を有する）がいたが頼義に疑われて斬られ、同じ立場の経清は身の危険を感じて安倍氏の陣営に走ったのである。安倍氏が経清や永衡、光貞と婚姻関係を結び、またたは結ぶ可能性があったことは注意してよい。

安倍氏の滅亡

頼義の陸奥守の任期は天喜四（一〇五六）年に終了し、藤原良綱《よしつな》が新陸奥守に任命されたが、良綱は戦いのことを聞いて辞退し、頼義はあらためて安倍氏追討の宣旨《せんじ》を受け、陸奥守に再任された。天喜五年秋、頼義は部下の気仙《けせん》郡司、金為時《こんのためとき》らを派遣し鉋屋《かなや》、仁土呂志《にとろし》、宇曾利《うそり》（青森県下北・上北地方）の蝦夷を味方に引き入れようとしたが、安倍富忠《とみただ》は三つの地域の兵を率いて為時に従おうとした。頼時はみずからこの地域に出向き、頼義に味方する利害を説こうとしたが合戦となり、頼時は流れ矢にあたって負傷し、鳥海柵までたどりついたがここで息を引き取った。

頼時が亡くなった後も、安倍氏は貞任を中心に戦いを継続し、頼義は苦戦におちいったまま陸奥守の二期めの任期も終了し、康平五（一〇六二）年春には高階経重《たかしなのつねしげ》が陸奥守に任命されて赴任した。頼義は大いにあせり、一方では新任の陸奥守の就任を実力で妨げ、一方で腰を低くして出羽の山北《せんぼく》（雄物川の上流から中流一帯）の俘囚主《ふしゆうしゆ》、清原氏一族に援軍を要請した。

結局、清原光頼《みつより》と弟の武則《たけのり》は頼義の求めに応じ、康平五年七月、武則に率いられた清原氏一万余人の軍は陸奥国に出陣し、栗原郡営岡《たむろがおか》（宮城県築館町）で頼義の三〇〇〇の軍と会した。そして頼義と清原氏の連合軍は、小松柵、衣川関、鳥海柵などの安倍氏の拠点を次々に陥れ、厨川柵《くりやがわ》（盛岡市）で安倍氏の最後の抵抗を排し、安倍氏は滅亡したのである。ただし安倍頼時の娘で藤原経清の妻だけは幼い息子の清衡とともに助けられ、清原武則の子で次の世代の清原氏の長となる清原武貞の妻に迎えられている。

事件後の論功行賞では頼義は伊予守に、義家は出羽守に、武則は従五位下、鎮守府将軍に任命され、清原氏の主だった人びとはこれを機に鎮守府の周辺の、かつては安倍氏の拠点であった地域に館をかまえた。鎮守府の機構を把握し、安倍氏の旧領ともいえる奥六郡からさらにその北方にも力を伸ばすことになったのである。もちろん、清原氏のもとからの勢力範囲だった出羽における力もますます強まったことであろうから、清原氏の勢力は東北北部全域に及ぶようになったと考えられる。

一方、源頼義・義家は処遇を充分なものとは考えず、頼義は事件の終結後も、部下の論功行賞の問題が解決していないとか、事件の後始末をする必要があるなどの名目をかまえて、二年もの間新しい任国の伊予に赴かず、陸奥に留まったのであった。

安倍氏とは何者か

ところで安倍という姓は中央貴族のものである。そこで安倍氏が純粋に蝦夷系なのか、それとも中央の安倍氏の影響下にあった東北各地の地方豪族で、阿倍磐城臣《いわきのおみ》、阿倍安積臣《あさかのおみ》、阿倍信夫臣《しのぶのおみ》のような名前を与えられた者が東北北部に移民として赴いたものであるかが問題となるが、そのどちらであるかは一概には決定できない。安倍氏の強大な勢力については、純粋に蝦夷の勢力を結集したものとする説もあるが、安倍氏が基盤とした奥六郡は鎮守府のお膝もとであり、安倍氏は鎮守府の地方豪族系または蝦夷系の在庁官人として成長したと考えるべきであろう。鎮守府は管内の行政のほかに、北方の蝦夷を管掌するという任務もあった。

安倍氏は「東夷の酋長」と言われたが、それは安倍氏が北方の蝦夷の間に鎮守府の力をひろげるにあたってその実務を担当し、やがて蝦夷の間に隠然たる勢力を持つことになったことからそう呼ばれるようになったと見られる。頼義が鉋屋、仁土呂志、宇曾利の蝦夷を味方に引き入れようとした時、安倍頼時はみずからこの地域に出向き、頼義に味方する利害を説こうとしたというが、このような行動も、本来は安倍氏の隠然たる勢力が下北方面までも及んでいたことのあらわれであろう。

ただし東北北部の豪族層の間にはさまざまな利害の対立があり、それが頼義のような軍事貴族の行動とからみあって軍事衝突に及ぶことになった。合戦の勝敗を決することになった清原氏の参戦も、東北の豪族相互の軍事衝突の最たるものなのである。そして事件の背景や影響は決して奥六郡の範囲に限定されたものではなく、東北北部から北海道の一部までをまきこむ動きがあったのである。

九　後三年の合戦

蝦夷系の豪族とも結びついていた清原氏

永保《えいほう》三（一〇八三）年に勃発した後三年の合戦は、もともとは清原氏一族の内部分裂であったが、陸奥守として赴任した源義家が途中から介入し、清原氏の主流派を滅亡させた事件である。清原氏は出羽山北の俘囚主とされている。このことから清原氏も安倍氏と同じく蝦夷系の豪族だろうと考える人も多い。ただし清原という名は中央貴族のもので、奈良時代にさかのぼっても清原を姓とする東北土着の豪族も蝦夷系の豪族も知られていない。

さらに清原氏は、清原真人《まひと》光頼、真人武則というように真人という姓《かばね》を有しているが、真人はもとは天武一三（六八四）年に定められた八色《やくさ》の姓の筆頭で、天皇に近い血筋の者にのみ許された姓である。したがって清原氏は、中央貴族が土着したものと考えたほうがよいだろう。清原氏が俘囚とではなく「俘囚主」、と記されるのも、それ故であろう。後には藤原氏の一員であることがたしかな藤原清衡《きよひら》も自身で俘囚主とほとんど同じ意味の「俘囚の上頭」と名乗っている。俘囚主とか俘囚の上頭とは俘囚を管轄する者という意味なのであろう。

清原氏が中央貴族の土着したものであるとすれば、事件に比較的近い、元慶の乱のころに出羽権掾であった清原真人令望という人物もいるので、可能性の問題ではあるが、令望が現地で子をもうけたか、または子を現地に帯同し、その子孫が出羽に残ったのかもしれない。ただし、令望自身はその後に大宰少弐にもなっており、出羽を離れている。

そうだとしても、清原氏の同族とされている人のなかには、吉彦《きみこ》や吉弥侯《きみこ》という蝦夷系の姓を名乗る者も多かった。前九年の合戦で清原武則が一族を引き連れて源頼義の陣営に参加した時、清原氏の各部隊を率いた人物のなかに、武則の甥で、婿でもある吉彦秀武《きみこのひでたけ》、吉弥侯武忠《きみこのたけただ》がいる。もし令望が現地で子をもうけたのだとすれば、その母親は蝦夷系の豪族出身かもしれない。いずれにせよ、清原氏は婚姻関係を通じて在地の蝦夷系の豪族とも深く結びついていたことはたしかである。

清原氏の内部抗争

清原氏の拠点は、もともとは仙北三郡《せんぼくさんぐん》（雄物川の中流から上流にかけての雄勝《おがち》、平鹿《ひらか》、山本の三郡）であった。この地域には奈良時代の中ごろに雄勝城が造営され、秋田城とならぶ出羽国の蝦夷支配のための中心であったが、やがて蝦夷支配の任務は秋田城に一本化されるようになる。秋田城には出羽国司のうちの介が派遣され、秋田城《あきたじようのすけ》介と言われて秋田城の最高責任者となっていた。秋田城介の地位は鎮守府将軍とともに、軍事貴族のあこがれの的であったという。

清原氏は秋田城介のもとで秋田城の組織を把握していたのであろうが、秋田城介の任命は、前九年の合戦のはじめの段階で陸奥守の藤原登任とともに安倍氏を攻めた平重成で中絶したとみられている。そうなると、それ以後の秋田城の機構を把握していたのは清原氏なのであろう。

後三年の合戦が勃発した時、清原氏は前九年の合戦の功によって鎮守府将軍となった武則の孫の真《さね》衡《ひら》の時代になっていた。彼には清衡と家衡《いえひら》という異母弟がいた。清衡は安倍頼時の娘婿の藤原経清の子であるが、前九年の合戦の後、母が武則の子の武貞の妻となったため、清原氏の一員として成長したのである。家衡は清衡と母を同じくする。

このころ清原氏の内部では、一族の長老および清衡・家衡と真衡との間に対立が激しくなっていた。一族のなかの対立が激しくなった要因としては、子がいなかった真衡が後継ぎとして海道小太郎成衡《なりひら》を据えたことがあげられる。成衡は茨城県北部から福島県にかけての海岸地方に勢いをふるっていた海道平氏《かいどうへいし》の出身である。さらに真衡は成衡の妻として、源頼義と常陸の多気権守《たけごんのかみ》(平)宗基《むねもと》の娘との間に生まれ、宗基の手で養われていた女性を迎えることにした。

このことが一族の長老らの強い不満を買い、武則の甥で娘婿でもあった吉彦秀武が真衡に対して反抗の火の手をあげ、清衡と家衡を仲間に引き入れたのである。そして双方が武力によって争っていた時に、源義家が陸奥守として赴任してきて、真衡の側に味方して兵を出したことから、事件がいっそう拡大した。

〝藤原清衡〟の誕生

ところが真衡が死んでしまったため、戦いはいったんはおさまり、義家の調停で清衡と家衡にそれぞれ奥六郡のうちの三郡ずつを分割させた。この時に義家は清衡に有利に取りはからい、胆沢・江刺などのより豊かで、かつ安倍氏、清原氏主流が拠点としていた南の三郡を清衡に与えた。

この処置に不満であった家衡は清衡の館を襲って清衡の妻子眷族を皆殺しにし、清衡は身をもって逃がれて義家に救いを求め、義家は家衡を攻めた。そして家衡には真衡らの伯父にあたる武衡ら清原氏一族の主流派が味方したため、事件は義家と清原氏主流派との戦いの様相を呈するようになり、清原氏一族の主立った者は、出羽の沼柵《ぬまのさく》（秋田県平鹿郡雄物川町）、ついで金沢柵（秋田県横手市）に立てこもって激しく戦った。しかし寛治《かんじ》元（一〇八七）年一一月、金沢柵がついに陥落し、清原氏は大打撃を受けたのである。

合戦の終結の後に義家は、前九年の合戦の場合と同様に、この合戦も朝廷に対して謀反を企てた清原氏を討伐した戦いであると主張して、論功行賞を要求した。しかし朝廷はこの戦いを義家の私戦と認定し、勧賞は行なわれなかった。そして目立たない形ではあったが義家の陣営に属していた清衡が、真衡の後をうけて清原氏を代表するべき人物としてただ一人生き残っていた。清衡は真衡の権力を継承することになり、やがて拠点を平泉に移し、名も父藤原経清の姓を襲って藤原清衡と名乗り、平泉藤原三代の初代となるのである。

平泉藤原氏への道

後三年の合戦における清原氏内部の対立の基軸の一つは、真衡・成衡対清衡・家衡、ついで清衡対家衡という清原氏嫡宗の地位をめぐる対立があったことは疑いないが、これとともに、秋田城の機構を握っていたグループと鎮守府の機構を握っていたグループが清原氏全体の指導権をめぐって対立したという側面もあるのではないかと思われる。そして義家は鎮守府の機構をにぎる清原氏嫡宗のグループをおさえ、出羽を握っていた反嫡宗のグループを軍事的に破壊し、全体としては清原氏にかわって東北北部全域を勢力圏におさめようとしたのであろう。

前九年の合戦後に清原武則が鎮守府将軍の地位を得たことは先に述べたが、鎮守府将軍の地位は武則の後、清原貞衡に継承されたらしい。

前九年の合戦と後三年の合戦の間のこととして、延久《えんきゅう》三（一〇七一）年に陸奥守の源頼俊に対し、陸奥国内で罪を犯した藤原基通《もとみち》の追討状況を報告し、また討ち随えた荒夷の首を持参し、生虜を随えて上京するようにとの命が下されている。源頼俊が在任中に閉伊《へい》七村（岩手県の北上山地方面）の山徒と衣曾別嶋《えぞ》（北海道か）の荒夷を討ち随えた功績を申し述べた史料もある。北方の蝦夷に対する軍事行動が行なわれたのである。そして清原貞衡は源頼俊に従って行動したらしく、頼俊は貞衡を鎮守府将軍に推薦しており、そのこともあって貞衡が鎮守府将軍に任じられたのである。貞衡については武則の弟とする説と真衡（真と貞は字画が類似する）のこととする説があって、どちらとも定めがたい。いずれにせよ、貞衡が鎮守府将軍に任命されたことで、清原氏の力はますます強まった。そして仮に貞衡と真衡が同一人物ではないとしても、真衡もまたなんらかの公的な地位を手中にしていたと考えられる。それ故に、清原氏一族のなかでは、吉彦秀武のような長老や、清衡、家衡のような人物までが真衡の膝下にひざまずかなければならないほどの権力の集中が可能であったのであろう。真衡と貞衡が同一人物であるとすればなおさらである。

清原氏はもともと秋田城の機構を握っており、さらに武則以後は鎮守府の機構をもあわせて把握していた。したがって清原氏の勢力は岩手・秋田両県北部や青森県方面にも強く及ぶようになり、それによってこの地域の動揺はある程度おさまることになったと考えられる。一一世紀の後半以降、この地域の高地性集落などの防御に意を用いた集落が少なくなるように見受けられるのも、あるいはこのことと関係するのかもしれない。後三年の合戦の後、権力を継承した平泉藤原氏の時代の状況は、相当程度に清原氏の時代に整えられていた。清原氏の体制は、内部の脆弱な要素をはらんでいたとはいえ、平泉藤原氏の権力構造につらなる構造を持っていたのである。

一〇　平泉藤原氏

清原氏から藤原氏へ

後三年の合戦が終わってみると、清原氏の嫡宗としての地位を主張できる人物は清衡ただ一人になっていた。だから後三年の合戦で清原氏が滅亡したということにはならない。ただし、この段階での清衡はまだ清原清衡であって藤原清衡ではなかろう。清衡は真衡が握っていた鎮守府と秋田城の機構をにぎる地位をそのまま受けついだ。ただし清衡は奥六郡と仙北三郡の主でありまた陸奥国押領使《おうりようし》であっただけで鎮守府将軍ではなかった。しかし、清衡の時から秀衡が正式に鎮守府将軍に任命されるまで、鎮守府将軍はほとんどが陸奥守の兼任であり、清衡、基衡、秀衡は事実上は鎮守府将軍と同等な力を有していたといってもよいであろう。

清衡ははじめ江刺《えさし》郡豊田館《とよだのたて》（現江刺市）を拠点としていたが、やがて平泉に本拠地を移した。それは、嘉保《かほう》年間（一〇九四〜一〇九六）あるいは康和《こうわ》年間（一〇九九〜一一〇四）のことであった。

清衡が東北南部にも力を及ぼすことができたのは、押領使としての権限に加えて、東北南部にあった多くの摂関家領などの荘園の代官としての地位を手に入れたからである。このような形で平泉藤原氏が年貢を請け負った荘園は、陸奥高蔵《たかくら》庄、本吉《もとよし》庄、出羽大曾禰《おおぞね》庄、遊佐《ゆさ》庄、屋代《やしろ》庄などであり、これらの荘園の年貢として摂関家に送る品目のなかには、金、布、馬、漆のほかに、蝦夷との交易によって入手したと思われる水豹《あざらし》の皮、鷹の羽など北方の特産物も含まれていた。清衡はこのようにして摂関家とのつながりを深めてゆき、その縁で父経清の本姓である藤原氏を名乗る許可を得ることができたのであろう。

平泉藤原氏は院政政権の指示によってであろうが、東北北部の地域に対しても郡郷制を施行する政策を進めた。そして一二世紀前半までに、閉伊、久慈、糠部《ぬかのぶ》、鹿角、比内《ひない》の諸郡、津軽平賀《ひらか》、津軽山辺《やまのべ》、津軽鼻和《はなわ》、津軽田舎《いなか》の津軽四郡が成立し、さらに外《そと》が浜の地域も一つの行政区として把握されるにいたっている。このようにして、院政期になると津軽海峡までの東北全域が一律に国家支配のもとに入ることになる。平泉藤原氏はこのような体制を作り出す上で大きな役割を果たした。

それまでの東北は、陸奥国と出羽国に大別され、陸奥国は多賀国府を中心とする南部、鎮守府を中心とする奥六郡、そして盛岡市以北や北上山地の夷地、出羽国も国府を中心とする南部、秋田城を中心とする仙北三郡、そして秋田市以北の夷地にわかれていた。それが新しい体制で一つになると、平泉藤原氏はこのような体制を支える中心的存在として東北全域に力をのばしていった。官職の面では、清衡は陸奥押領使、基衡は陸奥・出羽押領使、そして秀衡は嘉応《かおう》二（一一七〇）年に鎮守府将軍、養《よう》和《わ》元（一一八一）年には陸奥守に任じられている。

蝦夷系の血

平泉藤原氏は血の点からも権限の上でも安倍氏・清原氏の後継者であった。したがって、藤原氏には多くの蝦夷系の血が入っていたことはまちがいない。清衡は「俘囚の上頭」と自称したし、秀衡の陸奥守任命に際しては蝦夷であることを理由に反対する意見もあった。しかし、藤原氏の権力を朝廷に対立する蝦夷独自のものと見ることはできない。藤原氏は北方の蝦夷の世界に対して大きな影響力を保持していたが、それはもともとは、蝦夷の世界に政府側の影響を及ぼすという胆沢城などの城柵の任務を受けついだものである。

源頼朝が平泉藤原氏を滅ぼして津軽海峡までの地域を支配下に収めた時、本州北端までの地域を支配してゆくためには平泉藤原氏のこの権限を踏襲しなければならなかった。頼朝が東国支配の根拠を征夷大将軍の権限に求めたのは、鎌倉幕府がある部分で清原氏、そして平泉藤原氏の後身という側面を有していたからである。

こうして、平泉藤原氏の時代から鎌倉幕府の時代にかけて、本州北端までの地域は郡・郷の制度の外の存在ではなくなった。これまで東北北部と北海道はともに蝦夷の世界で、本州北端と北海道は政府側の認識においては一つらなりの地域だったが、ここにいたって津軽海峡の北だけが、厳密な意味での蝦夷の世界となることになったのである。そしてこの体制は鎌倉幕府の時代になるとより固定することになるのである。

第二部　蝦夷はアイヌか日本人か

一　蝦夷アイヌ説と蝦夷日本人説

新井白石らのアイヌ説

古代の蝦夷については、その実態をアイヌだと考える蝦夷アイヌ説と、これに反対して蝦夷はアイヌではないとする蝦夷非アイヌ説とがある。蝦夷非アイヌ説では、古代蝦夷の実態を辺境に住む日本人だと考えるので、蝦夷非アイヌ説は蝦夷辺民説とも言われるが、本書では内容に即して蝦夷日本人説と表現している。

蝦夷アイヌ説は、歴史的には蝦夷日本人説にくらべるとずっと古く、江戸時代にまでさかのぼる。政治家で学者でもあった新井白石には、『蝦夷志《えぞし》』という著作がある。白石は幕府の要職にあったから、北海道についても一般の人が知りえない情報を入手できる立場にあり、『蝦夷志』はそのような情報をふまえた内容になっている。白石はアイヌを北方系統の人種と考えていたので、古代にはアイヌは東北地方まで南下していたと見ている。

本居宣長も蝦夷はアイヌだと考えており、『古事記伝』ではヤマトタケルの話を論じた部分などで、多賀城碑などを引用しながら、やはりアイヌは奈良時代には宮城県付近まで南下していたと主張している。幕末期に北海道をくまなく旅行し、数多くの旅日誌を残した松浦武四郎《まつうらたけしろう》も蝦夷アイヌ説であったし、絵入りでアイヌ文化を紹介した秦檍麿《はたあおきまる》（村上嶋之丞）が『蝦夷島奇観』で示した説も同じである。

近代のアイヌ説

近代になっても、蝦夷はアイヌだというのがほとんどの学者や文化人の常識であった。ただし近代になると、アイヌはかつては日本全土にひろがっており、日本人に追われて北上したという考えが主流になった。石器時代人アイヌ説が有力になったためである。この考えを強く主張したのは考古学者では鳥居龍蔵《りようぞう》氏、もともとは文献史家であるが考古学にも大変にくわしかった喜田貞吉《きたさだきち》氏などである。

近世・近代の蝦夷アイヌ説の論拠の第一は、中世以後の蝦夷はアイヌ民族、またはその祖先のこと、蝦夷地といえば北海道のことであった以上、古代の蝦夷もアイヌのことであろうということである。この点はきわめて重要であり、後に蝦夷日本人説がとなえられるようになると、古代の蝦夷はエミシと読み、中世以後の蝦夷はエゾと読むのだから、エミシとエゾは同じではないのだという反論があったが、エミシもエゾも「蝦夷」という文字を用いるのだから、エミシとエゾは何らかの関係があると考えるほうが自然であろう。

アイヌ語研究の立場からの金田一京助氏の蝦夷アイヌ説も重要である。金田一氏は日本ではじめて近代的な言語学の方法でアイヌ語を研究し、またアイヌ語を研究した目でアイヌ文化を研究した。金田一氏の蝦夷アイヌ説の論拠のなかでは、地名から見ると北海道と東北は連続しているとの指摘がとくに重要である。

アイヌ語地名の代表ともいえる、ナイまたはペッ（ベッ）のつく地名が北海道にたくさんあるのは当然のこととして、東北地方にも、とくに青森県、岩手県、秋田県などには北海道に劣らないほどナイまたはペッが語尾につく地名が多い。そして量はやや少ないものの、宮城県、山形県、福島県の南東北にも同じような地名が存在する。

このように地名の点から見ると、北海道と東北は連続しており、北海道と東北を区別する必要はない。そこで、北海道がアイヌの人たちの世界であるならば、東北地方もかつてはアイヌの世界の一部であったと考えてよいのではないか、金田一氏はこのように考えて、言語の点から強力に蝦夷アイヌ説を主張したのである。

古代の蝦夷と中世、近世の蝦夷

古代の蝦夷の子孫と思われる中世、近世の蝦夷の問題もある。中世末期に豊臣秀吉の統一に反抗した北奥の大名の九戸《くのへ》政実《まさざね》の陣営には北海道のアイヌと同じ風俗の人びとがおり、彼らが蒲生氏郷《がもううじさと》の陣に降った時に酒を給したところ、パスイ（奉酒箸、イクパスイともいう）を用いて酒を受け、それで髭をかきあげて酒を飲んだと記録されている。

パスイは神に祈りを捧げる時に用いられるもので、先端部を酒に浸し、祈りの言葉を唱えながら酒を神に捧げるのである。そして酒を飲む時にも、まず神に酒を捧げることから、和人の目にはパスイは酒を飲む時の髭をかきあげるための道具と映り、パスイは髭篦《ひげべら》と呼ばれることにさえなった。九戸政実の陣営の蝦夷の行動は、まさにこのような動作だったのである。

江戸時代になっても、津軽（弘前）藩の支配下の津軽半島には、やはり北海道のアイヌと同じような名前で、アイヌ語を話し、アイヌと同じ風俗を保持していた人びとがいた。彼らは、寛文九年（一六六九）のシャクシャインの蜂起の際に幕府が津軽藩に命じて北海道の様子を探らせた時には、案内役と通訳をつとめており、津軽藩は彼らに対して、松前藩がアイヌの人たちに行なわせていた藩主への御目見《おめみえ》の儀礼と同じようなことをさせていた。また南部（盛岡）藩領にも下北半島に同じような人びとが居住しており、やはり藩主への御目見の儀礼が行なわれていたという。このような本州の近世・中世の蝦夷を順次さかのぼってゆくと、なめらかに古代の蝦夷につらなるという点も指摘され、これも蝦夷アイヌ説の根拠の一つとされてきている。

最近の考古学の成果から

さらに最近の考古学の研究によって、蝦夷アイヌ説に有利な新しい事実も知られてきている。第一部第二章で説明したように、東北南部では前方後円墳などが出現するようになった四世紀から七世紀ころにかけて、東北地方北部は北海道と同じ続縄文文化の圏内に含まれていた。水田稲作農耕は西暦紀元前にさかのぼって青森県の津軽平野まで届いていたが、東北北部には稲作はそのまま普及・定着することがなかったのである。この段階では、東北北部も北海道と同じく狩猟や採集に力点を置く文化があり、土器の模様や形も、また墓の作りも北海道のものとほとんど同じになっているのである。『日本書紀』『続日本紀』その他の古代の文献史料には、蝦夷は農業を知らないとか、東北から他の地域に移された蝦夷が農耕生活になじもうとしないことが述べられている。これらの記述のすべてをそのままに信ずることはできず、たとえば『日本書紀』の景行天皇の条に見える、日本武尊が東征に出る際に天皇が尊に与えた詔などは、そのままには信用できない代表例であろう。しかし、だからといって蝦夷は農業が得意ではなかった、あるいは少なくともそのような人たちもいたということまでも全面的に否定することはできない。中世から近世にかけてのアイヌの人たちも、農耕をあまり盛んには行なっていなかったから、この点もアイヌの文化と古代蝦夷の文化には、共通性があるということになる。

これらの点は、蝦夷アイヌ説にとってきわめて有利な事実であって、尊重しなければならない。もちろん蝦夷アイヌ説は歴史の古い学説であるから、かつてはその有力な根拠とされていた点のなかには、考古学・人類学や文献史学の研究が進んでくると批判の対象となり、現在ではむしろ否定的な見解が有力になっている点があることも事実である。

たとえば、戦前には石器時代人アイヌ説が有力だったが、この説と蝦夷アイヌ説は表裏の関係にあった。単純な石器時代人アイヌ説では、日本人の祖先は後から大陸方面から渡来して、全国にひろがっていた先住民のアイヌを駆逐したのだと考えていた。この考えかたによると、日本人に追われた先住民のアイヌは、徐々に北に退いたのであって、古代の蝦夷は北に退く途中のアイヌだというわけで、蝦夷アイヌ説ではこのように説明し、だから東北北部では奈良・平安時代まで縄文土器と石器を使用する人びとがいたのだと説明してきた。しかし現在では単純な石器時代人アイヌ説はもはや過去のものといってよく、奈良・平安時代まで縄文土器が使われていたことを信じる研究者もいないであろう。

しかし、かつての蝦夷アイヌ説の論拠のすべてが否定されているわけではなく、現在の学問の水準から見ても、事実として尊重しなければならない点も少なくないのである。

二　アイヌ語地名とマタギ言葉

江戸時代から知られていた東北のアイヌ語地名

洋の東西をとわず、地名には歴史を考える重要な手がかりがひそんでいる。アイヌ語地名もまた、蝦夷を考えるための材料の一つとしてきわめて大きな意味がある。東北地方にもアイヌ語で解釈できる地名があることは、すでに江戸時代から知られており、江戸時代随一の旅行家として知られる菅江《すがえ》真澄《ますみ》や、幕末期に北海道から樺太の隅々まで分け入ったことで知られる松浦武四郎の著作にそのことが見えている。

明治に入ると、帝国大学で日本語学と博言学（言語学）を講じたチェンバレンや、英国教会伝道会（のち日本聖公会）の宣教師として来日し、函館に赴いて以来伝道のかたわらアイヌ研究を行なったジョン・バチェラーが、アイヌ語地名が日本全国に分布すると説いて、各方面に大きな影響を与えた。

彼らの説くところでは、ノト「能登」はアイヌ語 nottu「岬」に、イズ「伊豆」はアイヌ語 etu「鼻」または「岬」に、ヤマト「大和」はアイヌ語 yamu-to「クリの池」すなわち「クリの木にかこまれた池」に、イズモ「出雲」はアイヌ語 etu-moi「岬の湾」に、ツシマ「対馬」はアイヌ語 tuima「遠い」に由来するという（この部分のローマ字表記はチェンバレンの用法のまま）。

なかでも有名なのは、富士山を火の意味だと説いたことであろう。富士はアイヌ語の火を意味するフチからきているというのがその根拠であった。しかしフチはお婆さんという意味で、直接には火という意味はない。また、地名はもともとはごく狭い範囲について、地形や動植物などの特徴をとらえて命名されたものであり（小地名）、現在の市町村あるいはそれ以上の広さの地域を意味する大地名は新しい要素である。したがって能登とか出雲などの大地名をアイヌ語で解いて見せても、ほとんど意味を持たない。

このようなこともあって、近代言語学の方法でアイヌ語が研究されるようになると、チェンバレンやバチェラーの方法は厳しく批判されるようになり、現在では少なくとも彼らのアイヌ語地名の解釈について、アイヌ語研究の専門家の間では高く評価する人は一人もいないというのも過言ではないようである。

東北のアイヌ語地名の実例

東北地方にアイヌ語地名が多くあることについては、近代的なアイヌ語研究の創始者となった金田一京助氏が具体例をあげ、また蝦夷アイヌ説の大きな証拠とした。そして、アイヌ語地名の研究は、その後に知里真志保《ちりましほ》氏や山田秀三《ひでぞう》氏の研究によって飛躍的に進んだ。

山田氏は大学を卒業後に戦前の農商務省に入り、仙台鉱山監督局長などを歴任し、昭和二〇年に退官した後、北海道で会社を設立し、一方で、金田一氏や知里氏について本格的にアイヌ語地名の研究に入ったという異色の経歴を持つ研究者である。氏は平成四年に九三歳の高齢で亡くなるまで、実地調査を重視する地名研究を行ない、アイヌ語地名研究に偉大な足跡を残した。山田氏が東北地方のアイヌ語地名についてはじめて本格的に発言したのは、昭和三二年に刊行された『東北と北海道のアイヌ語地名考』であるが、この本は少なくとも東北の古代史や考古学の研究者にはほとんど知られなかったのではないかと思う。

ここでは金田一氏や山田氏の研究を紹介する形で、アイヌ語地名とはどのようなものかを述べ、北海道のアイヌ語地名の実例をふまえて東北地方のアイヌ語地名にはどのようなものがあるのかを見ておきたい。

アイヌ語地名のなかでもっとも多い形は、語尾にペッ（pet、アイヌ語では清音と濁音の区別がないからベッ bet でもよい。またアイヌ語の単語は必ずしも母音で終わるのではなく、子音で終わるものがあり、これをカナ表記する時にはペッのように小さい字を用いる）「一般には大きい川」や、ナイ nay「一般には小さい川、沢」が末尾につく形であり、山田氏によれば「いままでの調査経験から見ると、北海道アイヌ地名の約三分の一がペッとナイのつく地名」である。代表的な例では登別《のぼりべつ》、稚内《わつかない》がある。登別はヌプル（濁った）・ペッ（川）nupur-pet、稚内はワッカ（水）・ナイ（沢）wakka-nay である。

〜ペッに漢字をあてる場合は、主に「別」が、また〜ナイには「内」が用いられる。しかし、〜ペッの例に大横綱北の湖の出身地の壮瞥《そうべつ》町ソ・ペッ so-pet「滝・川」や茂辺地《もへじ》（上磯郡）モ・ペッ mo-pet「静かな・川」のような例もある。また〜ペッのッは tu ではなく t なので、日本語の話し手には聞こえないこともあり、〜べ（漢字では〜部、〜辺の例が多い）という形の地名になることもある。アイヌ語地名を考える時には、漢字にこだわらずに、地名を一度カナで書いてみることが必要なのである。

東北地方でも〜ペッのタイプは少なくない。「〜別」の例は秋田市仁別《にべつ》、津軽半島の今別《いまべつ》などがある。また苫米地《とまべち》［toma エゾエンゴサクの塊茎または tomam 湿地＋ペッ］（青森県三戸《さんのへ》郡福地村）のほか、〜淵、〜部、〜辺、〜壁、〜首の地名も〜ペッに由来する可能性がある（ただしこれらは -pe〜する［ある］もの、のタイプかもしれない）。馬淵《まべち》川（岩手県北部に発し青森県八戸市で太平洋に注ぐ）、長《おさ》流部《るべ》（岩手県岩手郡浄法寺町）、袰部《ほろべ》、袰部沢（岩手県二戸《にのへ》郡安代《あしろ》町兄畑）、乙部《おとべ》［o-to-bet］（岩手県下閉伊郡田老《たろう》町、盛岡市都南）、達曾部《たつそべ》［tat＝カバの木の皮、-sos＝剝ぐ、-pe］（岩手県上閉伊郡宮守村）、女遊戸《おなつぺ》（岩手県宮古市）なども～ペッのタイプの地名なのかもしれない。

東北では～ペッよりも～ナイのタイプが多く、十腰内《とこしない》（弘前市）、平内《ひらない》（青森）、生保内《おぼない》（秋田県仙北郡田沢湖町）、毛馬内《けまない》（秋田県鹿角市）、柴内《しばない》（秋田県鹿角市）、玉内《たまない》（秋田県鹿角市）、相内《あいない》（青森県三戸郡南部町）、行内《ゆくない》（秋田市）、沼宮内《ぬまくない》（岩手県岩手郡岩手町）、莉内《しだない》（盛岡市）、米内《よない》［i-o-nai 語頭イは「それ」の意味で、大切なものや、蛇・熊など恐ろしいものなどを、その名を直接に呼ぶことをはばかって「それ」といったものである・うようよいる・ナイ］（盛岡市）、浅内《あさない》（岩手県下閉伊郡岩泉町）などがある。

～ナイの形では語頭にオという語がついてオ～ナイ o～nay の形になる場合がある。このオは「川尻」の意味で、オ・サッ・ナイ o-sat-nay であれば川尻・乾いた（水が砂に吸い込まれるなどのために川尻に水がない状態）・沢、オ・サㇽ・ナイ o-sar-nay であれば川尻・葦（葭）（がある）・沢である。長《おさ》内《ない》（青森県南津軽郡大鰐町、秋田県鹿角市、岩手県下閉伊郡岩泉町小本、岩泉町中島、下閉伊郡田老町乙部、岩手郡雫石町御明神、久慈市など多数）はこれで、尾去沢《おさりざわ》（秋田県鹿角市）はオ・サㇽに和語の沢がついた形であろう。

～ウシの形もアイヌ語地名によくある。これは～ウシ・ナイ usi-nay のナイが省略された形と、～・ウシ・イ usi-i の場合とがある。ウシは動詞ウン un（ある）の複数形で、たくさんある、群生しているの意味となり、動詞の後につくとその動作をいつもするというような意味になり、イiは「～の者」「～の物」「～の所」などと訳される。～ウシは漢字では～牛、～石、～臼となる場合が多い。

東北地方の～ウシの例には附馬牛《つくもうし》［tokom＝コブ、小山、-us-i］（岩手県遠野市）、撫牛子《ないじょうし》（弘前市）、木伏《きっぷし》（盛岡市）、木節《きぶし》（岩手県北上市鬼柳）、巣伏村《すぶせ》（『続日本紀』延暦八年条、岩手県水沢市付近であろう）などがある。津軽石川《つがるいし》（宮古湾で海に注ぐ）、猿ヶ石川《さるいし》［sar-ka-＝―のうえ、―のほとり、-us-i］（岩手県遠野市、花巻市を通り北上川に注ぐ）の川の名もこの形からきている可能性が高い。

イの前にオマという語がきて～・オマ・イoma-iの形をとる例もよくあるが、この場合はオマoma〈そこ〉にある、〈そこ〉にいる、〈そこ〉に現われる、〈そこ〉に入る）、i（ところ、奴）ということになる。このタイプのものでは、馬子舞《まこまい》（岩手県宮古市山口）［mak＝奥、山奥、-oma-i］、見前《みるまえ》（盛岡市都南）、尿前《しとまえ》（岩手県胆沢郡胆沢町若柳）、世田米《せたまい》（岩手県気仙郡住田町）、軽米《かるまい》（岩手県九戸郡軽米町）、鵜住居《うのずまい》（岩手県釜石市）などがあり、漢字で～舞、～前、～米などと記される地名はこのタイプである可能性がある。

北海道のアイヌ語地名にしばしば見られる語にはポロporo「大きい、多い」、ポンpon「小さい、少ない」、シshi「本当の、大きい」、モmo「小さい、静かな」、オンネonne「老いたる、大きい」、タンネtanne「長い」、パラpara「広い」、アネane「細い」、フーレhure「赤い」、レタㇽretar「白い」、クンネkunne「黒い」、ペケㇾpeker「明るい、清い、白い」などがある。

ポロの例では褜月《ほろつき》［tuki 坏］（青森県東津軽郡今別町）があり、これは湾の形が大きな坏《つき》を思わせる丸い形をしている。保呂内沢《ほろない》（宮城県玉造郡鳴子町）は、ホロ・ナイ（大きな沢）にさらに和語の「沢」がついたものであろう。谷内《たにない》（岩手県和賀郡東和町）は丹内《たんない》とも書かれるが、中世から江戸時代の古文書には種内《たねない》とあって、原形がタンネ・ナイ（長い沢）であることがわかる。種差《たねさし》（八戸市）も［tanne-esasi（長い・岬）］で、現地に行ってみると海に突き出した細長い岬が特徴的で、地名に嘘はないということが実感できる。姉沼《あねうま》（青森県三沢市）は小川原湖の南にある細長い沼であるが、江戸時代にはアネト沼と呼ばれており ane-to［細い・沼］が原形であることがわかる。

ソ so「滝」、ピラ pira「崖」、サㇽ sar「葭原」、トマㇺ tomam「谷地、泥炭地のような低湿な荒れた原野」、ト to「湖、沼、池」、メㇺ mem「清水が湧いてできた泉」、メナ mena（上流の細い枝川）、ハッタㇽ hattar（水が深くよどんでいる所、淵）、ピ pi（石、小石）、ペンケ pen-ke（川上の）、パンケ pan-ke（川下の）、ニタッ nitat（湿地、谷地）、ライ ray（死んでいる、川でいえば古川に水が流れずに停滞しているような状態）、ワッカ wakka（水）なども、川や沼に関連する地名によく登場する。

秋田の比内《ひない》郡（肥内郡、秋田県大館市とその周辺）は pi-nay（小石・沢）であろう。pi-nay の頭に sat「乾いた」がつく sat-pi-nay の形は北海道にもあり、ふだんは水がほとんど流れていない石ころばかりの沢の意味だというが、佐比内《さひない》と記す例は、岩手県遠野市上郷町、岩手県紫波郡紫波町、岩手県岩手郡安代町などに存在する。似内《にたない》（岩手県花巻市）はニタッ・ナイ、似鳥《にたどり》（岩手県二戸市）は［nitat-or

中、所」、仁田沼《にた》（福島市）は、水芭蕉で知られる湿地である。来内《らいない》（岩手県遠野市）はライ・ナイ、目名《めな》（青森県下北郡東通村）はメナ、猿辺川《さるべ》（青森県三戸町から南部町を流れる馬淵川の支流）、猿田《さるた》（秋田市、秋田県平鹿郡大森町）などはサルに由来する地名であろう。

海に関連する語ではオタ ota「砂浜」、モイ moy「入江」、ウソリ（ush-or、入海の内＝湾内）がある。青森県の恐山《おそれざん》は、もともとは近くの「湾」からきていると言われ、前九年の合戦の記事に出てくる宇《う》曾利《そり》は恐山の近くであろうと考えられる。函館の古名もウソリ・ケシであった。

森・林はタイ tay、樹木はニ ni で、ヤイ・ニ・タイ yai-ni-tay「どろの木の・林」、ツン・ニ・タイ tun-ni-tay「柏の木の・林」、ペロ・ニ・タイ pero-ni-tay「楢の木の・林」、ランコ・タイ ranko-tay「桂の・林」、ヤム・ニ yamu-ni「くりの・木」のように用いられる。東北地方にはニタイの形をとる地名が多く、漢字では～帯、～体、～平、～岱などと書く。姉帯《あねたい》（岩手県二戸郡一戸町）、姉体《あねたい》（岩手県水沢市）、腹帯《はらたい》（岩手県下閉伊郡新里村）、仁左平《にさつたい》（岩手県二戸市、『日本後紀』には蝦夷の村として爾薩体村が見える）、狐岱《きつねたい》（秋田県北秋田郡森吉町）、狐平《きつねたい》（秋田県鹿角市）がその例である。また東北には和語の樹木名＋平のタイプの地名も多い。

トイ toy は「土」の意であるが、地名にトイの語が含まれる場合は多くは食用になる土（白い土で、かつてはビスケットなどにも粉にまぜて用いられた）のことで、トイ・オマ・ナイ toy-oma-nay のような形になる。豊間内《とよまない》（青森県三戸郡五戸町、八戸市を流れる馬淵川の支流）、豊間根《とよまね》（岩手県下閉伊郡山田町）、登米《とよま》（宮城県登米郡登米町）、豊間《とよま》（福島県いわき市）などは、トイ・オマ・ナイが原形である可能性がある。

　タプコプ tapkop（たんこぶ山）は、日本人の耳にはタッコと聞こえるのでそれに「山」「森」を添えて立子山《たつこやま》、達子森《たつこもり》となることが多い。東北の例には達子森（秋田県北秋田郡比内町）、達居森（宮城県黒川郡大衡村）、立子山（福島市）がいずれも同様な形状を呈しているほか、田子《たつこ》（青森県三戸郡田子町、秋田県山本郡山本町、岩手県二戸郡一戸町小繋、岩手県岩手郡葛巻町葛巻）の地名も多く、やはり同様な形状の森がある。高森、鷹森などの地名のなかにも、タッコに漢字をあてたものが多いのではないかと思われる。

　そのほか、北海道苫小牧市のウトナイ湖は ut（肋骨）・ナイで、肋骨のように何本もの川があることからの地名であるというが、宇内《うない》（福島県河沼郡会津坂下町）は古くは打内《うつない》と書いたというから、肋骨・川であろう。

　なお、金田一氏や山田氏は、津軽海峡をはさむ両側に同名の地名が多く存在することも指摘している。宿野部《しゅくのべ》（shupun-ot-pe、ウグイのいる所）、尻矢《しりや》（shir-ya、shir は地、山。海辺の場合は断崖。ya は丘）などがその例である。宿野辺と同じ意味の地名には宿戸《しゅくのへ》（岩手県九戸郡種市町）もある。

　このように東北地方にはアイヌ語地名が数多く存在するのであるが、この点は、これまでの歴史家や考古学者からはあまり納得できる説明がなされたことはない。どちらかといえば無視されてきたといえるかもしれない。しかしこれはきわめて重要な事実であって、おそらくは東北の蝦夷はアイヌ語と同じ系統の言語を持っていたことを示す有力な根拠となるものだろうと思う。

ただし、東北のアイヌ語地名の意味を具体的に解釈しようとすると、実際にはかなりのものが解釈不能におちいってしまう。しかし、以下のようなことを考慮するならば、それはむしろ当然といわなければならないだろう。

北海道のアイヌ語の記録はせいぜい江戸時代末期にさかのぼるにすぎない。より古い時期のアイヌ語の姿は不明というほかはない。また現代アイヌ語にも方言差があり、古い時代にも当然に地域による方言差があったであろうし、東北と北海道の差は、北海道内の差よりも大きかったかもしれない。そして東北でアイヌ語と同系統の言語が話されなくなってから数百年はたっているから、地名も変形しているものが多いであろう。したがって、東北のアイヌ語地名のすべてを現在のアイヌ語地名の知識によって解釈することはできないのが当然である。

さらに、地名の多くは一般的にも本来はごく狭い地域に対するもので、その地点の地理的な特徴などを表現したものであったであろう。地名研究という点からは本来の意味を知りたいが、だからといって、辞書から似たことばを探し出してきて、語呂あわせをするだけの地名解はあてにならないことも充分に理解しておかなければならないだろう。

マタギ言葉のなかのアイヌ語

東北地方にアイヌ語地名が存在することとあわせて考える必要があるのが、マタギ言葉のなかのアイヌ語のことである。

マタギとは奥羽山脈の山あいでもっぱら狩猟を行なう人びとのことで、その分布は青森県から新潟県におよんだ。主として冬季に共同の集団で熊やカモシカあるいは猿などの獲物を追って広範囲に行動した。マタギについては、江戸時代の諸藩もこれを保護して、熊の胆や熊の皮などを上納させていた。彼らが狩猟に出る時には、五人から三〇人くらいがシカリ（頭目）の指揮にしたがって行動した。

マタギには、山に入った時には日常の話しことば（里ことば）を話してはならず、マタギコトバ（山ことば）を使わなければならないなど、多くの禁忌があった。これを守らないと山の神の怒りにふれるというのである。マタギ言葉の例としては（秋田県阿仁の例をあげるが、ほかの地域の場合もほとんど同じである）、アカキモ（肺）、クサノミ（米、植物性の食物の総称としても用いられる）、ヒカリ（金銭）のような符丁めいたものもあるが、アイヌ語と共通する語が少なくない。

近代的なアイヌ語研究の創始者である金田一京助氏は、マタギ言葉のなかから以下のようなアイヌ語と共通する語を拾いだした。マタギ言葉で犬をセッタ（またシェダ）、頭をハッケというのはアイヌ語のセタ seta、パケ pake と一致し、アイヌ語の「水」を意味するワッカ wakka は、マタギ言葉では飲料水のほかに、雨水・涙・尿・湯・酒までも意味する。「雪」はアイヌ語でウパシ upas であるが、マタギ言葉で雪をワシというのはそれらしく、「木」はアイヌ語でチクニ cikuni であるが、マタギ言葉でツクリあるいはツクイといい、また、心臓はアイヌ語でシャンベまたはサンベ sanbe であるがマタギ言葉で心臓をサンベ、あるいはサベといい、アイヌ語の「大」はポロ poro だが、マタギ言葉でやはり「大」をホロといい、「大水」のことをアイヌ語でワッカ・ポロというように、マタギ言葉でもワッカ・ホロという。

知里真志保氏によると雪が多いことをワシホロという場合のワシ、木または木の箸をツグリ、火がはねることを「ハッピがホゲル」という場合のハッピ、日や月を意味するトッピ、天気の意味のカド、荷負縄をシナリ、帯をオビシナリという場合のシナリ、爺をホロケというのも、それぞれアイヌ語のウパㇱ（upas、雪）、チクニ（cikni、木）、アペ（ape、火）、トンピ（tonpi、北部方言の日月）、カント（kanto、天）、シナ（sina、結ぶ、しばる）、ホロケポ（樺太アイヌ語の若い男、ポは若いを意味する指小辞）と関連するという。

このようなマタギ言葉とアイヌ語の共通性をどのように理解するかについても、やはり東北地方の住民が以前はアイヌ語的な言語を話していたと解釈することがもっとも妥当だろうと思う。マタギの狩猟風俗は密教の影響を強く受けていると言われているが、アイヌの狩猟風俗との類似面にも注意を払う必要があるだろう。東北にアイヌ語地名が数多く見られ、またマタギ言葉のなかにアイヌ語と共通する単語が存在することは、ある時期までは、東北地方の言語が現代アイヌ語と同系統の言語であった大きな根拠となりうるものなのである。

三　蝦夷日本人説

水田稲作を論拠として

蝦夷日本人説は蝦夷アイヌ説にくらべると後発の学説である。この説の提唱者は人類学者の長谷部《はせべ》言人《ことんど》氏である。長谷部氏は人類学的に、単純な石器時代アイヌ説を批判するためには、蝦夷アイヌ説も批判しなければならないと考えたのである。考古学者としてはじめて蝦夷日本人説を唱えたのは、戦前に岩手県で活躍した小田島禄郎《ろくろう》氏で、戦後になると、伊東信雄氏がこの説にとって有利な根拠を次々と明らかにしていった。

戦前からの歴史家の常識では、稲作が東北で行われるようになったのは、早くとも平安時代の初期だろうとされていた。桓武天皇の時代に、坂上田村麻呂が蝦夷の世界のかなり奥深くまで攻め入った。そして、岩手県の盛岡市あたりまでを中央政府の直接の支配地に組み込み、胆沢城や志波城を築き、その結果多くの人びとがこの地方に移民として入っていった。その人びとが東北の北の方に稲作を持ち込んだのであろう、というのである。

実は戦前にすでに、仙台平野のような東北南部では弥生時代にさかのぼって稲作が行なわれていたことが知られていたが、これは一部の考古学の専門家だけの知識で、なかなか歴史家や知識人の常識にはならなかった。まして坂上田村麻呂も攻め込まなかった岩手県・秋田県の北部や青森県では、ずっと後になってようやく稲作が行なわれるになったに過ぎないであろうというのが、戦後になっても考古学者も含めての常識だったのである。

ところが、伊東氏は青森県田舎館村垂柳《たれやなぎ》遺跡の発掘調査などによって、早い時期に東北北部まで水田稲作がもたらされていたことを明らかにした。最近の研究によると津軽平野に稲作がとどいたのは、弥生時代の前期のうちである。

蝦夷の世界は水田稲作とは無関係であり、稲作文化こそが日本文化の真髄なのだという考えからすれば、古代蝦夷の世界の本場ともいえる津軽地方で、弥生時代のかなり古い段階にさかのぼって稲作が行なわれていたということが明らかになったことにより、蝦夷日本人説は大いにはずみがついたのであった。

古墳時代の文物から

平安初期に坂上田村麻呂が築いた胆沢城の近くには、全長五〇メートルほどではあるが、埴輪を持つ角塚《つのづか》古墳という前方後円墳がある。平安時代にならなければ中央政府の直接の支配が及ばず、そうするために政府軍が蝦夷と激戦をまじえた世界のまっただなかに前方後円墳があるのである。そして伊東氏は、岩手県北部や青森県からも古墳時代前期や中期の土師器が発見されたり、古墳時代中期の祭祀遺物の代表的な滑石製模造品が出土し、古墳時代の文物が東北北部にも及んでいるということを強調し、蝦夷の文化は日本文化にほかならないと主張し、これらのことも蝦夷日本人説に有利な根拠とされたのである。

昭和三〇年代の終わりから昭和四〇年代になると、東北地方でも大規模開発が行なわれ、それにともなう発掘調査が行なわれるようになった。これによって、主として奈良時代以降のことではあるが、東北地方北部でも古代の集落は稲作を行ない土師器を用いる集落であり、鉄製品も多く出土することがわかり、蝦夷の世界の集落の姿は、すでに中央政府の直接の支配が及ぶようになっていた、東北南部の集落とほとんど同じであることが確かめられた。

以上は主に東北地方北部に関してであるが、蝦夷の世界は太平洋側でいえば阿武隈川の河口以北であり、仙台平野を含む宮城県の大部分はもともとは蝦夷の世界であった。この地域には早くから稲作文化が入っていたし、一〇〇メートルを越える前方後円墳も、横穴式石室を有する古墳もあり、さらに奈良・平安時代の集落の様相を見ても、この地域の文化が、より南の蝦夷の世界ではない地域の文化とほとんど違いがないことは明らかである。蝦夷の世界の一角をしめる仙台平野の状況がこのようなものであってみれば、蝦夷の文化は日本文化の枠のなかにおさまるという考えは、この地域に関してはなおのこと正しいということになるであろう。

二者択一にはならない両説

蝦夷日本人説は、このように主に戦後の東北地方の考古学の研究の結果として確認された新しい情報、新しい事実を根拠としていたのである。その上に、蝦夷アイヌ説の論拠のなかには考古学や人類学の発達とともに過去のものになってしまった点もあったから、一方でこの点を強調し、かつ戦後の東北考古学の研究が明らかにした新しい事実を列挙すると、蝦夷日本人説には確固たる論拠があり、蝦夷アイヌ説はもはや過去の説のように受けとめられたのも、無理からざる点があったといえよう。

なお、蝦夷日本人説の当否とは直接には関係がないが、この説では東北地方の古代文化が日本文化の枠のなかにおさまり、東北の文化も西日本の文化と基本的には同質であることを強調し、そのことを東北の古代文化は遅れたものではなかったと表現した。これはある部分で東北人の自尊心を満足させたかもしれないが、他方でアイヌ文化を遅れたものとして差別する論理を内包していたともいえるのではないかと思う。

戦後になると蝦夷日本人説が有力になったものの、蝦夷アイヌ説の根拠のなかにも多くの事実として尊重しなければならない点があることについては、蝦夷日本人説の側からの説明はほとんどなされなかった。さらに東北と北海道の古代文化をくらべてみると、たとえば最近もてはやされている青森市の三内丸山遺跡の土器とまったく同じ土器を出す遺跡は北海道にもたくさんあるし、東北の縄文文化を代表する亀ヶ岡式土器の文化のひろがりも北海道に及んでいる。津軽平野にまで稲作が及んでいた弥生時代に併行する時期についても、土器文化に関しては、稲作が行なわれていない道南地方の土器と東北北部の土器はきわめて似通っている。縄文時代以来、東北地方と北海道、とくに東北北部と道南地方とは、文化的に共通であることのほうが常態なのである。

こう見てくると、蝦夷アイヌ説を全面的に否定し去ることは到底できないが、蝦夷日本人説が論拠としてあげたことも、戦後の東北考古学の研究成果をふまえているだけに、尊重しなければならない。そうなると、蝦夷アイヌ説と蝦夷日本人説の対立は、たとえば邪馬台国論のように、もし邪馬台国が九州であれば、自動的に畿内説は誤りということになり、逆に畿内説が正しければ九州説は否定されるということになるような、二者択一の性質のものではないということにならざるをえない。蝦夷アイヌ説と蝦夷日本人説の対立は、簡単にどちらかの説に軍配をあげ、他方の説を論破するというわけにはゆかない問題であることがわかる。

四　北海道の古代文化の変遷とアイヌ文化の成立

擦文文化の時代

北海道では、縄文文化の次の段階には続縄文文化の段階がくる。続縄文文化は現在の学界では縄文文化の次段階の文化と規定されているが、縄文文化との間にはっきりとした線を引いて、二つの文化の相違を指摘することは困難で、北日本ではこの段階まで縄文文化的な生活が続いたと考えてよいのであろう。

先にも述べたように、続縄文文化前半段階の北海道は四つほどの小文化圏にわかれていた。しかし、続縄文文化の後半段階になると北海道は一つの文化圏にまとまり、この文化圏のひろがりは東北北部までを圏内に含むようになる。ところが七世紀ころになると、気候が温暖化の方向に向かい、東北北部から北海道にかけての地域の生活は大きく変化する。具体的には東北北部では稲作復活のきざしが見え、北海道でも生活が安定して、擦文《さつもん》文化という新しい文化の時代が始まるのである。

擦文土器の大部分には線書きの模様があるが、縄文は施されていない。北海道では縄文文化以来の土器に縄文を施す伝統がここで途切れるわけで、土器に縄文を施さなくなることは、続縄文時代までの縄文文化的な生活が大きく変わり、新しい時代を迎えたことをシンボリックに表わしている現象なのであろう。なおこの段階の土器を擦文土器というのは、土器の表面に整形のために擦った痕跡＝擦文があることに由来する。

擦文文化の大集落は、道東部・北部では海岸に近い川口に立地する例が多い。そして、やや小規模な集落は内陸部の河川沿いにも見られる。大規模な集落の場合は、道東の常呂《ところ》川、道北の天塩《てしお》川川口遺跡のように、数百におよぶ埋没した竪穴住居がくぼみとなって地表から観察できる例も珍しくない。もちろんこれは、集落が長期間にわたって居住されつづけた結果で、一時期の住居の数を示しているわけではないが、擦文文化の安定度の高さを示しているといえよう。

竪穴住居は一辺が五、六メートルの方形で、壁にはカマドが作りつけになっている。土器は、カマドにかけて食物を煮沸する胴の長い甕と食器の坏《つき》が基本である。擦文文化にとって採集や狩猟が大きな意味を持っていたことは疑いなく、大規模な集落の立地から考えると、サケ、マス漁に依存する割合もかなり大きかったことが予測される。しかしある程度の農耕も行なわれており、鎌、鋤のような農具の出土もあり、アワ、ソバ、ヒエ、緑豆などの栽培植物の発見も報告されている。

本州からのさまざまな移入品

擦文文化を支えた要素のなかには、本州方面からの鉄製品をはじめとするさまざまな移入品がある。鉄製品には鎌、鋤などの農具、斧などの工具、そして刀剣類がある。刀剣類はかなりの出土例があり、擦文社会は武器に重みがある社会であったことがわかる。鉄製品以外では、須恵器のほか、時折発掘される米、そしておそらくは酒が移入されていたと思われる。

これらの移入品は擦文社会にとって必需品であって、擦文人はこれらのものを入手するための代替物として、昆布、オットセイ・アザラシなどの海の哺乳類の皮、クマの皮、ワシ・タカの羽などの北の世界の特産品を大量に用意する必要があった。したがって、擦文文化は自給自足の文化ではなく、本州方面との活発な物流関係があった文化であり、またこの物流関係なしには存在しえない文化であった。

武器に重みがあったことは、武力がものをいう社会であったことを意味している。おそらくは、人びとが武力によって争うような事態が徐々に一般的になっていったのであろう。擦文時代の終わりに近いころに、道南地方に壕をめぐらすなど、防御の体制をとる集落が出現するが、これは東北地方北部で平安時代の後半に環濠集落や高地性集落が出現することと一連のものであるらしい。東北北部の平安時代の社会では、集団間の武力抗争がしばしばあったと考えられるが、北海道もまたそのような雰囲気にあったのである。

擦文文化の終末は一二または一三世紀ころだという。擦文文化の終末近くになると、住居が竪穴住居から地上住居へかわる。また、擦文文化の終末直後ぐらいの時期に、内耳《ないじ》の鉄鍋の形を土器で模したものが出現し、そのことから擦文文化の終末近くには、北海道にかなり鉄鍋が普及していたことがわかる。北海道では擦文文化の終末が土器文化の終末なのであるが、これは食物の煮沸具としていっそう鉄鍋が普及し、土器を必要としなくなったことを意味している。鉄鍋を用いるようになると、竪穴住居の壁に作りつけになっているカマドの意味も薄らいでくるので、おのずから平地住居への移行が進み、鉄鍋は住居の中央の炉（イロリ）の上に釣り下げて使うようになったのである。

アイヌ文化のはじまり

こうして新しい生活文化の時代がはじまった。この文化がアイヌ文化である。擦文文化のなかにはアイヌ文化を特徴づける要素が大分出そろってきていると言われている。ゴザを編むときの道具、川のなかに木の枝を立てそのなかに魚を追い込むテㇱという施設、アイヌの人たちが自分がどの血縁に属するかを表わすために用いたイトㇰパ（祖印）という記号、神に酒を捧げて祈る際にもちいるイクパスイなどが考古学的に確認されている。もう少し大きい目で見ると、集落の立地や、一方では採集や狩猟による生活、とくにサケ・マスに依存する程度が高いものの、他方では穀物を栽培している生活様式をあげることもできるだろう。

擦文文化は本州方面からの鉄製品、米、酒などの移入品に多くを依存し、それらの品物を入手するために、自給自足の限度を大きく超えて北の世界の特産品を用意するという生業のシステムを特徴としていた。このような擦文時代のあり方がアイヌ文化の時代になるとさらに拡大したとみられる。擦文文化は厳密な意味ではアイヌ文化とはいえないが、アイヌ文化の前段階という位置づけをすることができるのである。

このように、北海道では続縄文文化の後をうけて擦文文化、そしてアイヌ文化というように文化が変遷し、縄文文化以来アイヌ文化まで文化の断絶がない。これは縄文文化の段階からアイヌ文化の段階までの間にほかの地域から北海道の主人公が一変してしまうような人間の移住がなかったことを意味している。

ただし若干の問題点がある。根室、網走、稚内というようなオホーツク海、あるいは宗谷《そうや》海峡に面したところの海沿いにのみ認められるオホーツク文化という文化があり、これとアイヌ文化との関連はどうなのかという問題である。オホーツク文化は南サハリンあたりに源流がある文化であると言われ、縄文時代以来の古代文化の変遷の流れには乗らない外来の文化である。

オホーツク文化は最近までは擦文文化とほぼ同じ年代のもので、擦文文化と長期にわたって併存したのだと考えられていた。そうであれば、アイヌ文化の成立にあたり、とくに道東地方のアイヌ文化の成立にあたってはオホーツク文化がある程度、あるいは相当程度に関わっているのではないかということが言われてきたのである。

しかし最近の研究によると、オホーツク文化そのもの、または典型的なオホーツク文化に展開してゆく前の段階の文化が北海道に及んできたのは続縄文文化の後半段階であり、北海道のオホーツク文化は擦文文化の終末に先んじて姿を消すのだといわれるようになってきた。擦文文化は一二世紀あるいは一三世紀ころまで続くとされるので、北海道のオホーツク文化人は、大部分は一二世紀あるいは一三世紀以前に北海道から撤退し、一部は擦文文化人と融合したということになる。

そうであれば、アイヌ文化やアイヌ民族の成立にオホーツク文化人の影響があったとしても、オホーツク文化を直接の母体としてアイヌ文化やアイヌ民族が成立したのではなく、オホーツク文化の影響が道東や道北の擦文文化に及び、それを通して間接的にオホーツク文化の影響がアイヌ文化に及んだ、ということになるのではないかと思われる。

やはり北海道の古代文化は大筋として、縄文文化、続縄文文化、擦文文化、アイヌ文化という変遷をたどったのであり、オホーツク文化は北海道の古代文化に一定程度の刺激と影響を与えたことはあっても、オホーツク文化人がある時期に北海道の住民の主体となったということもなければ、オホーツク文化人がアイヌ民族の直接の祖先にあたるということもなさそうである。北海道の縄文文化の担い手の子孫が、何段階かの文化の変遷をたどった後に、アイヌ文化の担い手、すなわちアイヌ民族になったと考えるのが妥当であろう。アイヌ民族のルーツについては、いろいろといわれてきたものの、考古学的には北海道縄文人の子孫であるというほかはないであろう。

五　縄文人の子孫がたどった複数の道

いよいよ、蝦夷アイヌ説と蝦夷日本人説の対立はどのように考えたらよいのかを述べることになった。東日本、北日本のうち、蝦夷の世界ではなかった阿武隈川の河口、信濃川・阿賀野川の河口以南の地域の古代文化の変遷は大変に教科書的で、縄文時代の次には弥生時代の文化、古墳時代の文化、飛鳥・奈良・平安時代の文化ということになり、この地域の縄文人の子孫は各段階の変遷をたどった後、中世東日本日本人、近世東日本日本人、近代・現代東日本日本人につながった。

一方、縄文文化の世界のもっとも北に位置する北海道では、北海道縄文人の子孫は、何段階かの文化の変遷をたどった後に、アイヌ文化の担い手、すなわちアイヌ民族になったのであった。そして北海道の南に接する東北北部の場合は、縄文時代以来、北海道、とくに道南地方とは類似する文化の変遷をたどっており、弥生時代に一時的に稲作を受け入れたことがあったとはいえ、それもそのまま普及定着したのではなく、七世紀ころまでは北海道に中心のある続縄文文化の圏内にあった。

その後この地域では再度稲作が行なわれるようになり、土師器の文化が見られるようになったものの、盛岡市と秋田市を結んだ線から北の部分は平安時代の末近くまで、政府の直接支配が及ばない地域でありつづけた。しかし、政府側の政治的・文化的・経済的な影響はこの地域にも強く及んだのである。このような状況は北海道の擦文文化社会でも大きな差はなく、東北北部と北海道の文化状況には、なお決定的な差は見出しにくいという状態であった。

だが、平安時代の末から鎌倉時代以後は東北北部も、平泉藤原氏、そして鎌倉幕府の支配下に入って、政治的にも文化的にもいちじるしく日本化し、この地域の住民は日本民族の一員に組み込まれることになったのである。

盛岡市と秋田市を結んだ線より南の地域は、平安時代の初期までに城柵が設けられ、政府の直轄支配の手が及んだ。この地域のうち、太平洋側でいえば仙台平野および大崎平野では、弥生時代から古墳時代にかけての文化のあり方は、阿武隈川の河口以南とほとんど差がなかったが、この地域は国造制の時代にさかのぼって、朝廷の直接の支配の外の地域であったからエミシの世界とされ、大化以後に城柵が設置され、政府の直接支配地に組み入れられたのである。しかし、この地域は文化的に阿武隈川の河口以南の地域とほとんど同じ伝統のもとにあったので、奈良時代の末以前に、蝦夷の世界であるとの認識がほとんどなくなっていたようである。

一方、宮城県の大崎平野からさらに北では、盛岡市と秋田市を結んだ線より南の地域に平安初期までに城柵が設置され、政府の直接支配地に組み入れられても、簡単には蝦夷の世界であるというレッテルが剝がされることはなかった。より北の地域と共通する文化伝統によるものであろう。だからこの地域を拠点とした安倍氏が滅亡した前九年の合戦、清原氏の主流派が滅亡した後三年の合戦が、ある部分で蝦夷との戦いと意識されたのもこの点と関係があると思われる。しかし、この地域も平安時代末には平泉藤原氏の拠点となり、盛岡市と秋田市を結んだ線以北に先がけて日本化したのである。

つまり阿武隈川、信濃川、阿賀野川の河口以北の縄文人の子孫は、地域によって程度のちがいはあるものの、途中までは北海道の縄文人の子孫と歩みをそろえるという色合いが強かったが、徐々に阿武隈川、信濃川、阿賀野川の河口以南の日本人と同じ色合いを強めていった。

本書では先にエミシ・エゾといわれた人びとはどの地域の住民であったのかも、エミシ・エゾという語の意味も時期によって異なることを述べた。そして平安時代の末に近くなって、蝦夷の読みがエミシからエゾに変化すること、ほぼ同じころに東北北部の大部分の地域には郡制が布かれ朝廷の直轄支配地に準ずる扱いになり、それ以後は朝廷の直轄支配の外の住民といえば、基本的には北海道の住民に限られることになったことも述べた。そしてこう考えることによっても、古代の蝦夷と中世以後の蝦夷、すなわちアイヌは決して不連続ではないことがいえるのである。

古代の蝦夷のうち、史料に多く出てくるのは東北地方の住民であるが、北海道の住民もまた蝦夷の範疇に含まれていた存在であった。そのなかの東北の蝦夷は、平安時代の末までは政府の直接の支配の外にあって、蝦夷としての実態を有していたのであるが、平泉藤原氏の時代あたりから政府側の直接の支配が及ぶようになり、さらに鎌倉時代になると幕府の支配が東北北部まで及んで、蝦夷としての実態を失い、日本民族の一員となった。

ここにいたって、中央政府の直接支配の外にあって蝦夷としての実態を保ちつづけたのは北海道の住民のみとなったのである。このように考えれば、古代の「蝦夷」と中世以後の「蝦夷」がエミシとエゾの発音のちがいはあるものの、文字の上で連続するのは、むしろ当然のことだということにもなるのである。

このように考えるならば蝦夷アイヌ説と蝦夷日本人説の対立は解消してしまい、古代の蝦夷はアイヌなのか日本人なのかという問題設定そのものが、意味をなさないことになるのである。アイヌ民族も日本民族も長い間の日本列島を舞台とした歴史の流れのなかで、成立したもので、超歴史的な存在ではなかった。

古代の蝦夷とは、日本民族とアイヌ民族成立の谷間にあって、北海道の縄文人の子孫とともに、アイヌ民族の一員になる可能性も充分にあったのであるが、歴史の展開のなかでアイヌ民族の一員となる道をとらずに、あるいは阻まれ、最終的には東日本日本人の一員に組み入れられ、歴史的には最後に日本民族の一員になった人たちだということになろう。

六　展望・蝦夷社会は部族制社会

古代の蝦夷をこのように見ることができるのであれば、古代の蝦夷に関わるいろいろな問題は、単に東北の一隅に関わる話ではなく、北海道をも含む広い範囲に関連する問題ということになってくるであろう。そしてまた、東北地方の蝦夷が日本民族の一員となる前の段階で、政府側からの影響を受けながらも、蝦夷らしさを保っていた段階の様子は、かなりの程度擦文文化以後の、つまりアイヌ文化の段階の北海道の住民の姿から、おし量ることができるのではないかと考えられる。

また逆に、アイヌ文化の段階のことも奈良時代や平安時代の東北地方のことをふまえて考えることができるのではないか、ということにもなる。蝦夷アイヌ説と蝦夷日本人説を対立する説ととらえ、どちらかの立場から他方の説を論破しようという考え方を捨てる時に、北日本の歴史や文化を研究する新しい展望が開けてくるであろう。

それでは、このような展望のもとで具体的にはどのようなことが見えてくるのであろうか。東北地方の古代蝦夷が日本民族の一員に組み込まれるようになる前も、蝦夷の世界は政府側からの影響がまったくないままに、自己完結していたわけではなかった。それどころか、蝦夷の社会は常に政府側からの政治的、経済的、文化的な影響を受けつづけ、そのもとで蝦夷の社会は変貌し、そのなかで蝦夷らしさを再構築していったのである。擦文文化以後のアイヌ社会もまた同じであり、古代東北の蝦夷の場合の政府側という言葉を、鎌倉、室町、江戸幕府とか、幕府配下の和人勢力、あるいは松前藩とおきかえればよいであろう。

古代の蝦夷の場合についていえば、政府側は蝦夷社会の有力者に位や称号を与え、またそのような人びとを介して鉄製品や食料などの蝦夷の世界に不足しているものを蝦夷に提供している。そうすることで、政府側は蝦夷の社会に影響力を行使し、また北の世界の特産物を入手することができた。

一方、蝦夷の族長層も、政府側からそれらの品物を入手することで、自分が属する集団が他の集団よりも優位に立つことに寄与することができたし、集団のなかでの自分の地位を高めることにもなったから、少なくともはじめのうちは、政府側との接触は決してマイナスになるようなこととは受け取られなかったのだと思われる。このように、蝦夷やアイヌの社会は、政府側、あるいは和人側と接触していろいろな品物を入手することで、またそれらの品物と交換するための産物を大量に確保する手立てを講ずることで成り立つようになっていった。蝦夷の文化、アイヌの文化は、ある程度の北方との交易をも前提としていたとはいえ、政府側、和人側との接触・交易を前提とした文化なのであった。

アイヌ文化を代表する考古学上の遺跡にチャシがある。これは北海道考古学の開拓者である河野常吉氏がアイヌの砦であると指摘されたもので、このような遺跡がアイヌ文化を代表するということ自体、アイヌ文化の時代には戦いが重視されたことを意味していると思われる。

アイヌ文化の遺産として知られているものに英雄叙事詩のユーカラがあるが、その内容も主人公の英雄が活躍する戦いの物語である。チャシは新しいところでは一七世紀に起きたアイヌ民族の蜂起の時にも使われているが、盛んに作られ使われたのはもっと古い時期のことであろう。そして最近の調査の結果では、道南地方には擦文文化の時代の末には、チャシと見てもかまわないものが出現しているようである。

そこで東北北部に目をやると、平安時代の末近くになってチャシ類似の遺跡や、西日本の弥生時代の高地性集落、または環濠集落と立地や構造が瓜二つの、敵の攻撃に備えた集落が出現する。そうすると、平安時代の末近い時期の東北北部は、英雄叙事詩を生み出した擦文文化以後の北海道と同じような社会状況であり、それはまた、弥生時代の西日本を思わせるような状況でもあったということになりそうなのである。東北北部から道南部にかけての蝦夷社会では、この時期になると、武力による相互の抗争もかなり日常的な状況に立ち至ったのであろう。

文献史料の述べるところも併せて考えると、蝦夷社会の内部対立は、おおむね一つの盆地とか、あるいは中規模の川の流域とかでまとまる集団同士の対立であり、時には複数の集団が同盟を結ぶということもあったようである。そしてこのような対立は、政府側に味方をする集団対反政府的な集団という様相を呈することが多かった。ここに、政府側のさまざまな影響が蝦夷社会に浸透してゆく姿を見ることができる。そして、このような状況は東北地方どまりではなく、道南地方にも及んでいたことが、東北北部とほぼ時を同じくして、チャシ的な遺跡が出現することから推測できるのである。

ただし東北地方の場合、このような遺跡が盛んに作られたのは平安時代どまりで、鎌倉時代になるとほとんど見られなくなる。これは、東北北部までが鎌倉幕府の支配下に入り、それにともなって東北北部の人たちも日本民族の一員に組み込まれるようになり、幕府の支配下に入った地域においては、人びとが対立抗争にエネルギーを割くようなことが上から抑止されたからであろう。

しかし、幕府の直接の支配が及ばなかった北海道では、対立抗争をおさえつけるものはなかった。そして、幕府や和人の影響力が北海道のさらに奥深くまで及ぶなかで、対立抗争のエネルギーは最高度に発揮され、各地に盛んにチャシが作られ、またアイヌ民族の英雄叙事詩ユーカラが生まれたと考えられるだろう。世界各地の民族にはさまざまな英雄叙事詩がある。古代ギリシアのホメロス、オデッセイアはあまりにも有名であるが、ほかにもゲルマン人のエッダ、古代インドのマハーバーラタなどもあげられる。

これらの英雄叙事詩の背景には、古代国家成立前夜にあたる部族制社会の高揚があったといわれる。そうすると、英雄叙事詩ユーカラ誕生の背景にも部族制社会の高揚があったと考える可能性が出てくることになるし、さらにその考えを古代の東北地方に及ぼして、東北の蝦夷の集団間の対立抗争の背景に部族制社会の存在を考えてもいいのではないかと思われる。

部族制社会といえば、歴史上ではタキトゥスの『ゲルマーニア』に記されたゲルマン人の例や、カエサルの『ガリア戦記』に記されたケルト人の例、そしてL・H・モルガンが名著『古代社会』で紹介した、ヨーロッパ人がアメリカ大陸に到達した前後の時期のアメリカ先住民社会が有名である。そうすると、東北の古代蝦夷の時代や北海道のアイヌ民族の意気盛んな時代と、ゲルマン人、ケルト人やアメリカ先住民社会の姿を二重写しにしながら北日本の古代を考えることも可能になるのではないだろうか。

あとがき

一口に蝦夷といっても、時期によって蝦夷という語に内包された意味は同じではないし、またどの地域の住民が蝦夷といわれたのかも異なる。本書では古代蝦夷の歴史を大きく五段階に整理し、それぞれの段階における蝦夷と朝廷との関係について述べてみた。

また、学界でも論議の種となっている古代蝦夷はアイヌなのか否かという問題についても、どちらかの説に荷担して他方の説を論破するという方向性では問題は解決できないとの立場から、新しい考え方を提示した。

古代蝦夷の社会は、政治的に、あるいは経済的にさまざまな形で政府側と深く関わっていたのであり、政府側とは断絶した状況で蝦夷社会の歴史が展開したのではない。また蝦夷とは中央政府側から見て、その支配に抵抗した人びと、また直接支配の外に位置する人びとをさした言葉であって、古代の蝦夷に関しては、蝦夷といわれた人たちの内部では必ずしも一体感はなく、われらこそは蝦夷であるという気持ちを共通にいだいて、一致団結して政府側と相対するということはなかった。このような意味で、古代蝦夷と政府側との関わりは、政府側による侵略と、それに対する蝦夷側の抵抗という図式で単純に割り切ることができない複雑な面があるということになる。

蝦夷側と政府側や和人との接触・交流にはさまざまな側面があり、蝦夷側と政府側との軍事的な衝突は、そのなかの一つの側面にすぎない。そしてさまざまな交流・接触のなかで蝦夷の歴史や文化の展開があり、そのなかで古代蝦夷の時代の終焉もあれば、アイヌ民族の成立もあった。

本書によって古代蝦夷とアイヌの関係や、古代蝦夷の歴史の一端を知っていただくことができれば、これに過ぎる幸せはない。

なお本書は、拙著『古代蝦夷の考古学』『蝦夷と東北古代史』『東北考古学・古代史学史』上記三冊の内容を一冊にまとめ、かつ説き足りない部分を補った『古代蝦夷』（いずれも吉川弘文館）で述べたことのなかから、本書の主題に即した部分を中心にわかりやすく書きあらためたものであるが、とくに古代蝦夷の第一段階については、著者の東国古代史についての理解をふまえてややくわしく述べた。著者の古代蝦夷に関する全体像については、上記四書などをご参照いただきたい。

二〇〇〇年一一月

工　藤　雅　樹

参考文献

工藤雅樹『古代蝦夷の考古学』吉川弘文館、一九九八
工藤雅樹『蝦夷と東北古代史』吉川弘文館、一九九八
工藤雅樹『東北考古学・古代史学史』吉川弘文館、一九九八
工藤雅樹『古代蝦夷』吉川弘文館、二〇〇〇
工藤雅樹『古代蝦夷の英雄時代』新日本新書、二〇〇〇
水野祐監修・鈴木靖民編『古代王権と交流・古代蝦夷の世界と交流』名著出版、一九九六
阿部義平『蝦夷と倭人』青木書店、一九九九
近藤義郎『前方後円墳の時代』岩波書店、一九八三
近藤義郎『前方後円墳の成立』岩波書店、一九九八
石井良助『大化改新と鎌倉幕府の成立』創文社、一九五八
井上光貞『井上光貞著作集』全一一巻、岩波書店、一九八五〜八六
関晃『関晃著作集』全五巻、吉川弘文館、一九九六〜九七
野村崇『日本の古代遺跡40・北海道Ⅰ』『日本の古代遺跡41・北海道Ⅱ』保育社、一九八八、一九九七
宇田川洋『増補・アイヌ考古学』北海道出版企画センター、二〇〇〇

山田秀三『アイヌ語地名の研究—山田秀三著作集』全四巻、草風館、一九八二〜八三
金田一京助『金田一京助全集』全一五巻、三省堂、一九九二〜九三
山田秀三監修・佐々木利和編『アイヌ語地名資料集成』草風館、一九八八
稲岡耕二編著『上代の日本文学・初期万葉歌を読む』放送大学教育振興会、一九九六
神野志隆光・坂本信幸編『セミナー万葉の歌人と作品』第一巻、和泉書院、一九九九

古代蝦夷関係年表

～紀元前４世紀	縄文時代。
紀元前３世紀～	津軽平野まで水田稲作がひろがる。
４世紀	会津大塚山古墳、大安場古墳、雷神山古墳など。
４世紀	東北北部に続縄文文化(後半段階)がひろがる。能代市寒川Ⅱ遺跡など。
478(雄略天皇の時代)	倭王武、南朝宋に使いを送る。
６世紀～７世紀中頃	国造制の時代。
７世紀	この頃から北海道で擦文文化の時代がはじまる。
７世紀後半	この頃から東北地方北部と北海道の一部に終末期古墳が出現する。
645(大化元)	大化の改新はじまる。東国国司が派遣される。
647(大化３)	渟足柵を置く。翌年には磐舟柵を置く。
650年頃	評・国が設定され、陸奥国が置かれる。
658、59、60 (斉明天皇４、５、６)	阿倍比羅夫の遠征。
659(斉明天皇５)	遣唐使、蝦夷を中国に帯同する。
701(大宝元)	大宝律令制定。
708(和銅元)	越後国に新たに出羽郡を建てる。
709(和銅２)	陸奥鎮東将軍・征越後蝦夷将軍任命される。
710(和銅３)	平城遷都。
712(和銅５)	出羽国を置く。
713(和銅６)	陸奥国に丹取郡[宮城県北部の大崎平野]を建てる。
715(霊亀元)	陸奥の蝦夷、邑良志別君宇蘇弥奈と須賀君古麻比留の請により、香河村[不明]と閇村[宮古市付近]に郡家を建てる。
718(養老２)	陸奥国の南部の石城・標葉・行方・宇太・亘理、常陸国菊多の六郡をもって石城国を、白河・石背・会津・安積・信夫の五郡をもって石背国を置く。[両国は724(神亀元)年ころまでに廃止]
720(養老４)	蝦夷が反乱し、按察使上毛野広人を殺す。
721(養老５)	出羽国を陸奥按察使の管轄下に置く。
724(神亀元)	海道の蝦夷が反乱し、大掾佐伯児屋麻呂を殺す。多賀城が置かれる。
733(天平５)	出羽柵を秋田村高清水岡に遷す[秋田村は秋田市付近]。

737(天平９)	大野東人、雄勝村[秋田県南部、後の雄勝郡、平鹿郡、山本郡(現在の仙北郡)の地域]に城柵を置くために大軍を動員するが、雄勝村の住民の反対により断念する。
749(天平21)	陸奥国、金を出す。
757(天平宝字元)	陸奥国桃生、出羽国雄勝に柵戸を配し、桃生城・雄勝城の造営がはじまる(759年中に完成)。藤原恵美朝臣朝獦、陸奥守となる。
762(天平宝字６)	多賀城の大改修が行なわれる。
767(神護景雲元)	伊治城[宮城県栗原郡築館町]つくり終わる。
770(宝亀元)	蝦夷、宇漢迷公宇屈波宇ら、徒族を率いて賊地に逃げ帰り、使を送って呼び寄せても帰らず、同族を率いて必ず城柵を侵すという。
774(宝亀５)	海道の蝦夷が桃生城[宮城県桃生郡河北町飯野]を侵す。按察使の大伴駿河麻呂ら陸奥国の遠山村[宮城県登米郡]を討つ。
776(宝亀７)	出羽国志波村[岩手県紫波郡地方]の賊と官軍とが戦い、官軍不利。陸奥国の軍3000人を発して胆沢[岩手県水沢市附近]の賊を討つ。
778(宝亀９)	陸奥、出羽国司以下、征戦に功ある者2267人に叙爵。伊治公呰麻呂、外従五位下を与えられる。
780(宝亀11)	伊治公呰麻呂の乱。征東大使に藤原継縄(この年のうちに藤原小黒麻呂に交替)を、出羽鎮狄将軍に安倍家麻呂を任命する。
781(天応元)	賊の首魁として、伊佐西古、諸絞、八十嶋、乙代の名が見える。
788(延暦７)	征東大使に紀古佐美を任命する。
789(延暦８)	政府軍、河を渡り阿弖流為の率いる軍と戦い、大敗する。征軍５万余。
791(延暦10)	征東大使に大伴弟麻呂を、副使に坂上田村麻呂らを任命する。
792(延暦11)	斯波村の蝦夷の胆沢公阿奴志己ら、伊治村の俘にさえぎられて、王化に帰することができないので、伊治村の俘と戦って永く降路を開きたいと申し入れる。
794(延暦13)	征夷大将軍大伴弟麻呂、斬首457級、捕虜150人、獲馬85疋、焼落75処と奏す。征軍10万。平安遷都。
797(延暦16)	坂上田村麻呂を征夷大将軍に任命する。
801(延暦20)	坂上田村麻呂、蝦夷と戦う。征軍４万。
802(延暦21)	坂上田村麻呂を遣して胆沢城を造り、多賀城から鎮守府

	を遷す。大墓公阿弖流為、盤具公母礼ら、種類500余人を率いて降る。
803(延暦22)	坂上田村麻呂、志波城を造る。
805(延暦24)	藤原緒嗣・菅野真道、天下の徳政を論じ、征夷と造都を中止する。
810(弘仁元)	文室綿麻呂を按察使に任命する。
811(弘仁２)	和賀、稗貫、志波の三郡を置く。文室綿麻呂を征夷将軍に任命する。出羽国、邑良志閇村の降俘、吉弥侯部都留岐の申請により、爾薩体村・都母村・幣伊村の夷を攻撃させる。
830(天長７)	大地震があり、秋田城に大きな被害があった。
850(嘉祥３)	出羽国で大地震があった。
855(斉衡２)	陸奥国の奥地の俘囚が互いに殺傷しあったため、非常に備えるために援助の兵2000人を発し、さらに近くの城の兵1000人を選んで危急に備えた。
869(貞観11)	陸奥国で大地震があり、多賀城に大きな被害があった。
875(貞観17)	渡嶋の荒狄が叛し、水軍80艘で秋田、飽海両郡の民21人を殺した。
878(元慶２)	元慶の乱がはじまる。藤原保則を出羽権守に任命する。
893(寛平５)	出羽国の渡嶋の狄と奥地の俘囚等が戦闘をしようとする。
939(天慶２)	出羽国の俘囚が反乱し、秋田城の軍と合戦した。
10世紀後半	この頃、東北北部と北海道の一部に防御性集落が出現する。
1051(永承６)	前九年の合戦はじまる。～1062(康平５)
1067(治暦３)～1071(延久３)	この頃、陸奥守、源頼俊、閉伊七村の山徒と衣曾別嶋の荒夷を討つ。
1083(永保３)	後三年の合戦がはじまる。～1087(寛治元)
1094(嘉保元)～1104(康和６)	この間に、藤原清衡、平泉に居館を置く。
1189(文治５)	奥州合戦、平泉藤原氏滅ぶ。

『蝦夷の古代史』を読む

八木光則

工藤雅樹氏は、その気さくな人柄で多くの人に親しまれた。講演会などでもソフトながらも強い語り口は多くの聴衆を魅了していた。このたび、名著『蝦夷の古代史』が復刻されるのも、氏の蝦夷論がいまだ根強い支持を得ている証左であろう。

一

古代史研究は、文献史学と考古学との共同研究が最も進んだ分野である。一九五〇年に平城宮跡の継続調査が開始され、東北でも多賀城跡や秋田城跡、平泉遺跡群などの発掘調査が一九五〇代後半以降相次いで行われた。古代史研究者もその成果に着目していたが、歴史叙述はまだ文献史学の立場が主体となっていた。

一九六一年に平城宮跡から木簡が出土して以降、多数の漆紙文書や墨書土器など出土文字資料が蓄積されるようになる。史料が限られていた古代史研究に新たな研究対象が加わることになって、考古学的成果を積極的に活用する気運が高まってきた。

さらに一九六九年の多賀城跡の計画的、継続的な調査が開始され、その成果にもとづいて、城柵を官衙（役所）とする説が提唱されるようになる。それまでの文献史学の解釈では軍事拠点としての性格が強く出されていたことから、考古学の成果からの新説は衝撃をもって受け止められた。工藤氏も多賀城跡調査研究所の一員として新しい動きを主導していた。

東北各地の城柵官衙遺跡の調査が進むと、一九八〇年前後には多賀城創建を溯る官衙の存在が確認されるようになる。多賀城が造られてから仙台、大崎平野の中央政府の支配が始まると考えられていた「共通認識」をくつがえす成果も生まれてきた。考古学の成果を無視しては古代史を語ることはできなくなり、文献史学と考古学との共同研究が深まってきた。

工藤雅樹氏の研究の大きな特徴は、軸足を考古学に置きながらも六国史などの記述をフルに活用していることである。東北大学在学中から両学問分野を学び、多賀城跡などの調査研究にたずさわりながら史学史や考古学史をまとめるなどの実績を積み上げてきたことが、氏の蝦夷論の形成に大きく関わっている。

氏の学問的経歴は、『東北考古学・古代史学史』（一九八九年、吉川弘文館）のあとがきに自ら詳しく述べられている。

二

『蝦夷の古代史』（以下、本書という）は二〇〇一年平凡社新書として出版された。本書の構成は大変わかりやすい。大きく一部と二部に分け、第一部では蝦夷の歴史段階を五段階に分け、それぞれ章を替えて記述している。

詳しくは本文をお読みいただきたいが、五段階区分は「毛人」と表現された時代からエゾと読まれるようになるまでの長期にわたるが、第一段階は前史、第四段階半ばから五段階は後史にあたる。一般に古代蝦夷の時代として扱われるのは第二〜四段階の半ばまで、前九年合戦の前までである。氏は蝦夷を連続的な歴史に位置づける意図で、前史と後史を加えたものと考えられる。

本論ともいえる第二段階は六世紀から七世紀前半の国造制、第三段階は大化の改新から奈良時代までをあて、六国史とともに、城柵や官衙を中心とした記述となっている。第四段階は平安時代で、移民や俘囚の全国移配の問題や防御性集落を中心に取り上げている。

第二部は蝦夷の民族論を展開する。蝦夷アイヌ説と蝦夷日本人説を対立的に取り上げるのではなく、両説を融合させた新しい解釈を展開している。

三

工藤氏は、『蝦夷の古代史』の初版が刊行された二〇〇一年前後に類似の著書を五冊ほど出版している。

一九九八年の『古代蝦夷の考古学』『東北古代史と蝦夷』『東北考古学・古代史学史』(いずれも吉川弘文館)の三冊本は、氏がほぼ四半世紀にわたって物した論文をまとめたものである。これをさらに一冊にまとめたのが、二〇〇〇年『古代蝦夷』(吉川弘文館)であり、三冊本のエッセンスが盛り込まれた一冊である。

この中で取り上げられている項目は、配列などが異なるものの本書と重なる部分が多く、本書の原形ともいえる。もちろん新書版より詳述されているので、より詳しくは三冊本あるいは『古代蝦夷』の一読をお薦めする。

また二〇〇〇年の『古代蝦夷の英雄時代』(新日本新書、二〇〇五年に増補改訂版を平凡社ライブラリーとして刊行)も本書と重なる部分も少なくないが、記述の変更や、新たに書き加えられた箇所も多い。

これら一連の著書から氏の蝦夷論の要点を述べてみたい。まず前述のとおり、考古学的資料と文献史料を双方組み合わせる手法がもっとも大きな特徴である。方法自体は氏独自のものではなく一般的に行われていたもので目新しいものではないが、両分野の記述がそれぞれ詳細であり、単なる引用でないことに特徴がある。

六国史などの史料がある部分は史料を中心に、史料のない部分や発掘調査の成果が積み上げられている部分はその成果を駆使して、蝦夷の古代史が通覧できるように構成されている。内容的には、氏が考古学では城柵や官衙遺跡などの調査研究に携わっていたこともあり、また六国史の記載を中心に組み立てられているため、第二段階以降の記述は、必然的に政治史的な傾向となっている。

ただ本書は、特に発掘成果と文献との色分けがほかの著書よりもはっきりしており、考古学的な記述と六国史の記述とがあまり重なり合っていない。このことは六国史の記述と考古学的な成果とどう結びつくのか、その橋渡しが十分でないことにもつながっており、やや不親切な印象を受ける。とはいえ、多くの読者にとって総合化された古代史像を本書から読みとることができ、歴史の理解が大きく進む一冊であることはゆるがない。

四

工藤氏の業績として、蝦夷の民族論の議論に一定の終止符を打ったことも大きい。古代蝦夷の民族論は、江戸時代以来蝦夷アイヌ説一辺倒であったが、大正に入り蝦夷辺民説（日本人説）が出され、戦後は記紀批判や人類学や考古学の成果から辺民説が有力となっていた。辺民とは同じ日本人であるが、東北の辺境に住む人々という意味がある。

氏は、消えかけたアイヌ説をもう一度掘り起こすことから始めている。アイヌ説の根拠を否定しきれないことを強調するため、本書では日本人説三ページに対し、アイヌ説の説明に一七ページを費やしている。

そのうえで、アイヌ語地名などを強調するとアイヌ説になり、農耕などを強調すると日本人説になると、対立的な両説の根拠をそれぞれ肯定する立場をとった。そして「古代の蝦夷とは、日本民族とアイヌ民族成立の谷間にあって、北海道の縄文人の子孫とともに、アイヌの一員になる可能性も充分にあったのであるが（中略）最後に日本民族の一員になった人たち」（二〇六ページ）と結論づけたのである。

次に、古代蝦夷の社会が部族制社会で、その族長たちが「英雄」であったというのも、工藤氏の蝦夷論の独創的でかつ重要な部分である。本書では紙数の関係であろうか、僅かしか触れていない。六国史には族長が率いる蝦夷の村が描かれている。その蝦夷社会を、王や首長に率いられるゲルマンの部族制社会に類似することから蝦夷社会を部族制社会とみたのである。また古代蝦夷の世界の延長上にあるアイヌのユーカラや古代ギリシアの「イーリアス」、モンゴルの「元朝秘史」など英雄叙事詩は、国家成立以前の古代社会の姿を表しており、叙事詩に登場する「英雄」を蝦夷の族長に擬し、その時代を「英雄時代」と位置づけた。

具体的には、三十八年戦争（七七四～八一一年）に登場する伊治公《これはりのきみ》呰麻呂、大墓公阿弖流為《あてるい》など中央政府軍と戦った蝦夷の族長を、一六六九年松前藩に対して蜂起したアイヌのシャクシャインに対応させている。ともに部族制社会であり、戦いにあたっては部族同盟を結んでいたとする。

なお、氏が例の一つに挙げたゲルマン社会には王族や首長族のほかに貴族や自由民、奴隷という細分化された階層社会があり、蝦夷社会がこれに対応しうるものであったかについての言及はみられない。

いずれにしても、工藤氏が部族制社会や英雄時代を論じたのは、蝦夷の研究が東北地方に限られるのではなく、広く世界の歴史にも通じることを表現しようとしたとみることができよう。

五

自らが発掘調査に乗り出し、その解明に努めた東北北部の防御性集落研究は、従来の氏の研究方法とは異なる新たな研究分野となった。

一〇世紀半ば以降、青森県を中心に堀などで囲まれた環濠集落や、標高の高い山間地にある高地性集落が出現する。氏はそれらを西日本や東日本の弥生時代の集落に対比させた。時代は異なるが、集落間の抗争が両時代に起きたと考えたのである。また竪穴住居跡が火災で焼失している事実からも、集団間での対立抗争が激化し、武力衝突も稀ではない社会情勢を想定した。

その背景として、秋田城を焼き討ちにした元慶の乱（八七八年）や武力抗争が蝦夷社会で起こっていたこと、一〇世紀には鎮守府将軍や秋田城介などが軍事行動の成功と交易による利益を求めて、蝦夷社会に介入したことをあげている。そういった動きが蝦夷社会に大きな変容をもたらし、防御を必要とする集落をつくらせたと考えた。前九年、後三年合戦も同じような背景をもとに起きたとしている。

防御性集落論は、その防御性の有無や強弱についての議論が一九九〇年代半ばから二〇一〇年代半ばまで活発に行われたが、現在は小休止状態にある。氏は北海道のアイヌのチャシにつながる説も出しており、今後この分野の調査研究や議論が活発になることを望みたい。

最後に、工藤氏がめざした蝦夷論の根幹は、部族制の議論を持ち出すことによって蝦夷の歴史を辺境の一時代史に終わらせるのではなく、日本史全体あるいは人類史全体を視野に入れていた。そのためには考古学や文献史学の枠を取りはずした総合的な「蝦夷の古代史」をまとめ上げることが必要であることを、自らの実践で示したものといえよう。

本書は、氏の蝦夷論の粋が盛り込まれた書である。

（岩手大学平泉文化研究センター客員教授）

本書の原本は、二〇〇一年に平凡社より刊行されました。

著者略歴
一九三七年　岩手県に生まれる
一九六六年　東北大学大学院文学研究科博士課程修了
宮城学院女子大学教授、福島大学教授、東北歴史博物館館長を歴任
二〇一〇年　没

〔主要著書〕
『古代蝦夷の考古学』(吉川弘文館、一九九八年)、『蝦夷と東北古代史』(吉川弘文館、一九九八年)、『東北考古学・古代史学史』(吉川弘文館、一九九八年)、『古代蝦夷』(吉川弘文館、二〇〇〇年)、『古代蝦夷の英雄時代』(新日本出版社、二〇〇〇年。改訂版・平文社ライブラリー、二〇〇五年)

読みなおす日本史

蝦夷《えみし》の古代史

二〇一九年(令和元)六月一日　第一刷発行

著　者　工《く》藤《どう》雅《まさ》樹《き》
発行者　吉川道郎
発行所　株式会社吉川弘文館
郵便番号一一三―〇〇三三
東京都文京区本郷七丁目二番八号
電話〇三―三八一三―九一五一〈代表〉
振替口座〇〇一〇〇―五―二四四
http://www.yoshikawa-k.co.jp/
組版＝株式会社キャップス
印刷＝藤原印刷株式会社
製本＝ナショナル製本協同組合
装幀＝渡邉雄哉

ISBN978-4-642-07105-5

刊行のことば

現代社会では、膨大な数の新刊図書が日々書店に並んでいます。昨今の電子書籍を含めますと、一人の読者が書名すら目にすることができないほどとなっています。ましてや、数年以前に刊行された本は書店の店頭に並ぶことも少なく、良書でありながらめぐり会うことのできない例は、日常的なことになっています。

人文書、とりわけ小社が専門とする歴史書におきましても、広く学界共通の財産として参照されるべきものとなっているにもかかわらず、その多くが現在では市場に出回らず入手、講読に時間と手間がかかるようになってしまっています。歴史の面白さを伝える図書を、読者の手元に届けることができないことは、歴史書出版の一翼を担う小社としても遺憾とするところです。

そこで、良書の発掘を通して、読者と図書をめぐる豊かな関係に寄与すべく、シリーズ「読みなおす日本史」を刊行いたします。本シリーズは、既刊の日本史関係書のなかから、研究の進展に今も寄与し続けているとともに、現在も広く読者に訴える力を有している良書を精選し順次定期的に刊行するものです。これらの知の文化遺産が、ゆるぎない視点からことの本質を説き続ける、確かな水先案内として迎えられることを切に願ってやみません。

二〇一二年四月

吉川弘文館

読みなおす日本史

読みなおす日本史

- 日本の奇僧・快僧　今井雅晴著　二二〇〇円
- 平家物語の女たち　大力・尼・白拍子　細川涼一著　二二〇〇円
- 戦争と放送　竹山昭子著　二四〇〇円
- 「通商国家」日本の情報戦略　領事報告を読む　角山　榮著　二二〇〇円
- 日本の参謀本部　大江志乃夫著　二二〇〇円
- 宝塚戦略　小林一三の生活文化論　津金澤聰廣著　二二〇〇円
- 観音・地蔵・不動　速水　侑著　二二〇〇円
- 飢餓と戦争の戦国を行く　藤木久志著　二二〇〇円
- 陸奥伊達一族　高橋富雄著　二二〇〇円
- 日本人の名前の歴史　奥富敬之著　二四〇〇円
- お家相続　大名家の苦闘　大森映子著　二二〇〇円

- はんこと日本人　門田誠一著　二二〇〇円
- 城と城下　近江戦国誌　小島道裕著　二四〇〇円
- 江戸城御庭番　徳川将軍の耳と目　深井雅海著　二二〇〇円
- 戦国時代の終焉　「北条の夢」と秀吉の天下統一　齋藤慎一著　二二〇〇円
- 中世の東海道をゆく　京から鎌倉へ、旅路の風景　榎原雅治著　二二〇〇円
- 日本人のひるめし　酒井伸雄著　二二〇〇円
- 隼人の古代史　中村明蔵著　二二〇〇円
- 飢えと食の日本史　菊池勇夫著　二二〇〇円
- 蝦夷の古代史　工藤雅樹著　二二〇〇円
- 天皇の政治史　睦仁・嘉仁・裕仁の時代　安田　浩著　（続　刊）
- 日本における書籍蒐蔵の歴史　川瀬一馬著　（続　刊）

吉川弘文館
（価格は税別）